AUTO-LIDERAZGO

AUTO-LIDERAZGO

PARA LIDERAR A OTROS PRIMERO LIDÉRATE A TI MISMO

STEDMAN GRAHAM

TALLER DEL ÉXITO

AUTOLIDERAZGO

Título original: *Identity Leadership: To Lead Others You Must First Lead Yourself*
Copyright © 2019 by *Stedman Graham*
This edition published by arrangement with **Grand Central Publishing**, New York, New York, USA. All rights reserved.

Publicado por:
Taller del Éxito, Inc.
1669 N.W. 144 Terrace, Suite 210
Sunrise, Florida 33323
Estados Unidos
www.tallerdelexito.com

Editorial dedicada a la difusión de libros y audiolibros de desarrollo y crecimiento personal, liderazgo y motivación.

Diseño de carátula: Diego Cruz
Diagramación: Joanna Blandon
Traducción y corrección de estilo: Nancy Camargo Cáceres

ISBN: 9781607388210

25   26   27   28   29   R|GIN   07   06   05   04   03

ÍNDICE

*A mi hermano, James Graham, un hombre especial
por quien me preocupo profundamente
y de quien tanto he aprendido*

Introducción

Hablar del liderazgo con identidad es muy importante para mí. Se trata de un tema relevante para los 7.7 billones de personas que hoy habitan el planeta. Hablar de liderazgo con identidad es hablar de autoliderazgo, basándonos en la filosofía de que, si no puedes liderarte a ti mismo, menos podrás liderar a nadie más.

Tanto la capacidad de liderazgo como la falta de ella determinan el éxito o el fracaso de una organización. La identidad, la verdadera comprensión de sí mismo, es la mayor riqueza que puede tener todo líder. Ten la absoluta seguridad de que los emprendedores capaces de alcanzar éxito duradero se conocen a sí mismos. Cada uno sabe quién y cómo es. Por tanto, ellos tienen claro lo que les importa y saben generar valor tanto en ellos como en quienes los rodean.

Resulta incuestionable que el liderazgo con identidad te hace responsable de tu desarrollo propio. Por esa razón, los líderes con identidad nunca dejan de crecer y desarrollarse. Ellos son estudiantes de por vida y nunca dejan de recibir y escudriñar nueva información.

Con esto en mente, te contaré que mi vida cambió drásticamente para bien cuando comencé a enfocar todo lo que hago en torno a mis talentos, fortalezas y motivaciones. Fue así como llegué a entender cada vez más mi identidad y mi propósito de vida. Tal claridad me sirvió para darme cuenta del enorme valor que existe en la educación, la información y el conocimiento. Fue así como decidí comenzar a hacer que la información recibida fuera relevante para mi desarrollo personal y profesional, pues de esa manera sería más fácil definir mi vida y tomar el control de ella. Es obvio que el antiguo sistema de memorización de información para presentar un examen, solo para después terminar olvidándola, hace que sea difícil crecer más allá de nuestras circunstancias.

Por lo tanto, de lo que se trata el liderazgo con identidad es de comprender cómo aplicar tus conocimientos y tu propio aprendizaje en beneficio de desarrollar tu potencial y de mantenerlo actualizado. Para mí es un hecho que los nueve pasos del proceso hacia el éxito que te presento en este libro funcionan. Te ayudarán a revertir el arcaico e ineficaz proceso de aprendizaje tradicional y te guiarán de tal modo que hagas todo lo necesario en cuanto a ser quien en verdad eres.

Todos tenemos 24 horas al día. La pregunta es, ¿qué hacemos con esas 24 horas para empoderarnos? ¿Qué estamos haciendo para desarrollar nuestros dones y talentos, junto con nuestras fortalezas?

Mi objetivo con este libro es mostrarte qué hay que hacer para mejorar tu desempeño en cada nivel, cómo incrementar tu capacidad de aprendizaje permanente y cuáles estrategias implementar para cambiar tu forma de pensar, llevándote de la mentalidad de seguidor hasta convertirte en un líder hecho y derecho —primero, liderándote a ti mismo y después sí a otros—. He dedicado mi vida a la labor de enseñarle a la gente alrededor del mundo sobre lo que hay que hacer para renovar uno mismo su potencial como ser humano. Me siento agradecido y bendecido de haber descubierto por mí mismo quién soy y cuál es mi propósito y mi misión en la vida, y de poder compartir lo que sé al respecto con tanta gente como sea posible.

Si quieres que tu vida mejore, entonces, toma el control de ella. Hacerlo depende de ti y de nadie más. No esperes a que otros definan quién eres, ni cuál es tu potencial. Eso, amigo mío, es un viaje de por vida que solo tú puedes emprender.

Stedman Graham
Chicago, Illinois

CAPÍTULO 1

El llamado a ser líderes con identidad propia

El desarrollo de tu identidad cambia tu forma de pensar sobre todo lo que es posible.

Para ser una madre soltera con ocho hijos, que vivía en las zonas marginales de la ciudad de Chicago, Carrie Ponder tenía una visión elevada con respecto a sus hijos: ella quería que todos desarrollaran su potencial al máximo y que prosperaran en los que habrían de ser sus campos de acción preferidos. Muchos en su condición no se atreverían a soñar con tal felicidad, ni con semejante satisfacción, pues asumirían que aquellas eran metas inalcanzables.

Pero Carrie Ponder se aferró a su visión y enfocó su vida en lograrlo. Lo que encajara con esa visión, ella lo hacía; lo que no le sirviera, ni la impulsara a avanzar, no lo hacía.

Así las cosas, Carrie decidió inscribir a sus hijos en centros juveniles, en organizaciones eclesiásticas y en cuanto programa de biblioteca existiera[1]. Era así como ella lograba conseguir entradas de fácil acceso a obras de teatro, a museos e incluso a la ópera. Hasta se convirtió en una experta de amplio conocimiento en las rutas de autobús de la ciudad, aprovechando los largos recorridos para mostrarles a sus hijos la diversidad de arquitecturas e involucrarlos en conversaciones al respecto de lo que estuvieran aprendiendo.

Durante 10 años, Carrie Ponder y sus ocho hijos vivieron en un apartamento de tres habitaciones. Luego, se mudaron a otro edificio y, una semana después, este se quemó hasta los cimientos. Allí perdieron la mayor parte de sus posesiones.

Sin embargo, Carrie Ponder no dejó que la vida, ni el fuego la derrotaran a ella, ni a sus hijos. El fuego les había quitado sus bienes materiales, pero no les había quitado su mente, ni su espíritu, ni su visión, ni mucho menos su potencial. Ella les enseñó a sus pequeños que, aunque sus bolsillos estuvieran vacíos, su mente y su espíritu seguían siendo ricos y plenos.

Carrie Ponder envió a sus hijos a Princeton, a University of Chicago, a Northwestern University y a University of Pennsylvania. Uno se graduó de abogado, otro se convirtió en ejecutivo en el campo de la publicidad, otro es en un maestro y otro está haciendo un doctorado.

Los educó de tal manera que ellos cumplieran su visión: alcanzar su máximo potencial y prosperar en sus campos de interés.

Carrie Ponder sabía quién era ella. También sabía quiénes eran sus hijos. Por tanto, no dejó que las circunstancias de la vida la definieran ni a ella, ni a ellos. Más bien, les abrió la puerta a una vida plena y enriquecedora. Eso es comprender tu verdadera identidad y mostrar que tienes gran capacidad de liderazgo.

Carrie Ponder personifica en qué consiste el liderazgo con identidad propia.

"El punto no es que te conviertas en un líder.
El punto es conviertas en ti mismo".
—WARREN BENNIS

Definiendo el liderazgo con identidad propia

Durante más de 30 años, he estado escribiendo libros, enseñando en universidades, trabajando en comunidades, liderando organizaciones sin fines de lucro, dictando conferencias y dirigiendo talleres por todo el mundo. Y ese tiempo me ha servido para concluir lo siguiente: el liderazgo lo es todo.

Las necesidades del Siglo XXI no serán cubiertas por aquellos con mentalidad de seguidores. Las oportunidades que brinda este siglo tampoco serán para seguidores. El mundo no mejorará por causa de quienes sienten y piensan como seguidores. Son los líderes quienes tendrán la capacidad de satisfacer esas necesidades, aprovecharán esas oportunidades y cambiarán el mundo.

El liderazgo con identidad propia es el nivel más alto de liderazgo. Es un hecho que el Siglo XXI requiere de un tipo diferente de liderazgo —uno fundamentado en personas conscientes de sus propósitos y de su identidad, capaces de liderarse a sí mismas, encaminadas responsablemente hacia superar los obstáculos que surjan en su propia vida y, como resultado, llevando a otros a tener éxito impulsando el crecimiento organizacional.

Sin una identidad bien fundamentada es más probable que nos dejemos llevar por la influencia de nuestro entorno y hacia un futuro que requiera de muy poca reflexión o desarrollo. A lo largo de mi carrera, he estado ayudándoles a las organizaciones a abordar la brecha existente en cuanto a la falta de liderazgo en todos los niveles, puesto que llenar esa brecha es fundamental en el éxito de toda organización. Pero para cerrar tal brecha, tienes que entender la naturaleza del verdadero liderazgo. Los verdaderos líderes no buscan ocupar una posición; los verdaderos líderes buscan marcar la diferencia y cumplir su misión en la vida y en los negocios.

El liderazgo con identidad propia es el nivel más alto de liderazgo. Es un hecho que el Siglo XXI requiere de un tipo diferente de liderazgo.

Vinculando identidad con liderazgo

Durante la mayor parte de mi carrera, les he ayudado a las personas a explorar y comprender su identidad, guiándolas a través del proceso de aclarar cuáles son sus fortalezas, propósitos y planes para luego alinear su visión de vida con su realidad.

Ahora, estoy dando un paso más allá, vinculando la identidad con el concepto de liderazgo. Estos dos conceptos, cuando se sincronizan entre sí, se funden en una entidad poderosa que transforma la vida de la gente. De eso es de lo que tanto este libro como mi programa de liderazgo con identidad se tratan: de transformar tu vida, de abrirles puertas a tu potencial y a magníficas oportunidades que ni siquiera sabías que existían.

Te ayudaré a convertirte en un líder con identidad, algo que creo que el mundo necesita desesperadamente.

La pregunta es: ¿qué es un líder con identidad?

Definición de un líder con identidad

Los líderes con identidad se conocen a sí mismos por dentro y por fuera.

Están en paz con quienes son.

No ponen excusas para no ser fuertes en todas las áreas posibles o para no trabajar en busca de la perfección. Ellos conocen sus puntos fuertes y buscan formas de utilizarlos en beneficio propio y en el de la organización.

Saben qué es lo que les importa y lo que los apasiona e invierten sus energías en eso.

Saben cómo formar equipos y ser parte de ellos.

Saben liderar, fortalecer y motivar a otros —y motivarse a sí mismos.

Son líderes auténticos que dirigen a otros utilizando las habilidades que han desarrollado.

No se rinden.

Se mantienen firmes en sus principios.

No se rigen por el miedo, ni por otras emociones negativas.

Son solucionadores de problemas.

Ven soluciones donde otros solo ven obstáculos.

Son constructores de puentes y conectores de personas.

Ven el potencial no solo en ellos mismos, sino en los demás y saben nutrirlo.

Tienen energía y entusiasmo inquebrantables por su trabajo.

Aprenden del fracaso y tienden a ser mejores a causa de él.

Esperan cada día con ansias, convencidos de las posibilidades que les ofrece.

Atraen naturalmente a los demás, dados su vitalidad, su optimismo y el valor que le aportan a cualquier grupo al que pertenecen.

Permanecen imperturbables ante las dificultades de la vida.

Saben quiénes son, hacia dónde van y cómo llegar allí. Y como saben estas cosas, la gente los sigue y los respeta. La gente les presta atención a quienes tienen una visión y saben convertirla en realidad, paso a paso, día a día, decisión tras decisión.

La necesidad del liderazgo con identidad en medio de un mundo cambiante

Si hay una constante en el mundo, esa es el cambio. Te daré algunos ejemplos recientes de cambios sísmicos que han ocurrido en algunas industrias, generados por la innovación disruptiva —la cual sucede cuando una empresa introduce una innovación que perturba un mercado existente y crea uno nuevo, desplazando así mercados líder ya establecidos, así como a otras firmas y productos:

- Durante la década de 1990, Blockbuster fue la empresa dominante en el mercado del alquiler de videos. En 2004, tenía una nómina de más de 80.000 empleados y más de 9.000 tiendas en todo el mundo. Sin embargo, para 2010, tuvo que declararse en bancarrota. ¿Qué pasó? Netflix, una startup en esta industria, creció hasta dominar con su nuevo sistema de servicio y su innovador modelo de negocio. Irónicamente, Blockbuster rechazó múltiples oportunidades que se le presentaron para comprar Netflix por solo $50 millones de dólares en el año 2000. En 2017, Netflix tenía activos totales de más de $19.000 millones.

- Cuando Amazon apareció en escena en 1995, la librería Borders generaba alrededor de $1.6 mil millones de dólares en ventas anuales. La compañía empleaba a unas 19.500 personas en más de 600 tiendas en todo los Estados Unidos. En 2011, Borders se declaró en quiebra. El consenso fue que Borders llegó demasiado tarde a la web (las ventas online de Borders redirigían a Amazon y esto terminó dañando la marca de Borders) y a los libros electrónicos; además, tenía demasiadas tiendas y contaba con exceso de inventario en libros cuando la gente ya se estaba cambiando a hacer compras online. Borders tenía deudas por montones y había invertido demasiado en el campo de la música al ingresar en la venta de CDs justo en el momento en que el intercambio de archivos de música se estaba volviendo popular. En cuanto a Amazon, es la empresa de ventas por internet más grande del mundo y en 2018 generó unos ingresos de $232.000 millones de dólares.

- Uber es la empresa de transporte en automóvil más grande del mundo —y no genera gastos adicionales para los dueños de los autos—. En cambio, la empresa de viajes compartidos, fundada en 2009 y valorada en $72.000 millones de dólares, utiliza software para atraer clientes. Así las cosas, a principios de 2017, la participación de Uber en el mercado de EE. UU. fue del 84%.

Vivimos en un mundo en constante cambio

Detrás de cada una de estas innovaciones disruptivas había personas con grandes ideas que no temían contradecir los estándares de la industria. Dichos movimientos cambiaron la vida de innumerables empleados y clientes pertenecientes a esas empresas innovadoras. Además, abrieron nuevos mercados, estimularon el pensamiento creativo y generaron movimientos en otras industrias, demandando un estándar óptimo en cuanto al tipo de líderes, requiriendo de individuos visionarios que sean capaces de manejar no solo los cambios que se les presenten, sino que también los produzcan, dirigiendo a las empresas hacia donde no hayan ido antes.

Evidentemente, debido a los avances tecnológicos, el cambio es desenfrenado en todas las industrias y también en la vida profesional y personal de la gente. A continuación, te daré algunos ejemplos de cambios que ya se han producido o que es probable que se produzcan en un futuro próximo, provocados por la tecnología:

- Watson, el sistema informático de respuesta automática desarrollado por IBM, tiene un amplio y profundo alcance en el campo de las aplicaciones relacionadas con la salud, los negocios, la educación y muchos otros sectores.

- La impresión 3D ha revolucionado lo que construimos y la forma en que lo construimos. En China, un edificio de cinco pisos, diseñado para oficinas, fue construido a través de impresión 3D. Y la misma empresa que construyó ese edificio también construyó 10 casas en 24 horas utilizando impresión 3D. Y todas las principales empresas de calzado han comenzado a imprimir zapatos mediante impresión 3D.

- En 2014, unos médicos en China le practicaron un implante de columna a un niño utilizando una impresa en 3D. Esto significa que, en el futuro, los pacientes no tendrán que esperar al trasplante de órganos, pues los hospitales podrán bioimprimirlos.

- En ese mismo futuro, la gente no tendrá automóviles. La gente tendrá la opción de llamar con su teléfono inteligente a un servicio de automóvil sin conductor, que aparecerá y conducirá a cada quien a su destino y el usuario pagará por la distancia recorrida.

- En menos de 10 años, se espera que los procesadores de computadoras alcancen el poder de procesamiento del cerebro humano. De acuerdo a dos investigadores de Oxford, casi la mitad de los trabajos estadounidenses están en alto riesgo de automatización.

Podría seguir y seguir dando ejemplos, pero el punto es claro: el mundo está cambiando y lo está haciendo a gran velocidad. Y la velocidad de esa transformación, impulsada por la tecnología, será cada vez mayor.

Entonces, ¿qué tiene eso que ver con el liderazgo con identidad propia?

Todo que ver.

Son los líderes con identidad propia quienes están marcando el comienzo de estos cambios y quienes se están adaptando más rápido a ellos. Son ellos quienes saben cómo aprovechar al máximo las nuevas oportunidades que están proliferando a través del pensamiento disruptivo que tiene lugar en las industrias y en los cambios en las ventas al por mayor que se están produciendo en casi todos los sectores del mundo. De hecho, son ellos quienes están cambiando la forma en que vivimos.

> "Todo lo que quieres está al otro lado del miedo".
> —JACK CANFIELD

Los líderes con identidad no le temen al cambio

Muchos se resisten al cambio, porque los hace sentir incómodos y los saca de su zona de confort. Por eso, se preocupan y se inquietan por lo que el cambio les traerá y por cómo los afectará. Temen perder los beneficios de las viejas formas de hacer negocios y de vivir la vida, incluso si el cambio promete mejores perspectivas.

En cambio, los líderes con identidad no le temen al cambio. De hecho, le dan la bienvenida y siempre están evaluando por qué es necesario hacerlo, cuándo es el mejor momento para hacerlo y cuál es la mejor manera de lograrlo.

A veces, es el mismo cambio el que contribuye a que surjan líderes con identidad y sean reconocidos como tales. Porque incluso cuando el mundo está cambiando, ellos, en su interior —en lo referente a su verdadero ser, a sus anhelos, a sus habilidades, a su enfoque en la vida—, no cambian. Los líderes con verdadera identidad saben evaluar el cambio que se está produciendo a su alrededor y se adaptan, viendo cómo encajan en medio de él —e incluso buscan la forma de liderarlo—. Ellos ven que, en medio del cambio, su rol también cambia y están dispuestos a asumir un nuevo rol.

Las tareas, los roles y los entornos cambiarán. Las culturas, las organizaciones y las circunstancias cambiarán. Pero la esencia en la identidad del líder no cambia.

En pocas palabras, eso es ser un líder con identidad.

Entiende esto: tú puedes ser un líder con identidad. Tú puedes ser esa persona que acabo de describir. A medida que avances en esta lectura, te iré presentando el contenido, las ideas y el proceso que te ayudarán a adoptar y optimizar las habilidades propias del líder con identidad y a dar cada vez más pasos en tu camino hacia el desarrollo de todo tu potencial.

Los líderes con identidad no le temen al cambio. De hecho, le dan la bienvenida y siempre están evaluando por qué es necesario hacerlo, cuándo es el momento más indicado para hacerlo y cuál es la mejor manera de lograrlo.

El liderazgo con identidad es autoliderazgo

Al comienzo de este libro, hablé sobre Carrie Ponder y de cómo ella ejemplificó el tipo de liderazgo al que nos estamos refiriendo a medida que se abría paso en medio de la pobreza hasta lograr que sus hijos sobresalieran en diversos campos profesionales. Sin embargo, para que ella allanara el camino para sus hijos, logrando sacarlos de la pobreza hasta llevarlos a un mundo donde ellos lograran desarrollar todo su potencial, primero, ella tuvo que liderarse a sí misma.

El autoliderazgo es el aspecto más crucial del liderazgo con identidad. En otras palabras, si quieres liderar a otros, tienes que aprender a liderarte a ti mismo primero.

Le digo eso a la gente y, muchas veces, recibo una mirada burlona a cambio. La pregunta que leo en sus ojos suele ser: "¿Liderarme? ¿No es eso algo que ocurre de manera automática, que simplemente pasa? ¿Qué significa semejante cosa?".

Conozco a muchas personas talentosas que están llamadas a ser líderes. Se trata de individuos que cuentan con las habilidades necesarias para liderar. Tienen el deseo y la motivación, la visión, la experiencia necesaria y muchos otros atributos que deben poseer los verdaderos líderes. Y aun así, a menudo, se encuentran estancados en su llamado a serlo. Ellos saben que hay algo que los detiene, pero no identifican qué es. Entonces, invierten aún más energías procurando aprender sobre liderazgo y acerca de emprendedores en todos los campos que saben liderar. Esto significa que su enfoque es hacia afuera, externo, puesto tanto en el liderazgo como en la gestión de otros.

Sin embargo, su propia experiencia de liderazgo es frustrante para ellos y para aquellos a quienes ellos dirigen. Su experiencia termina consistiendo en dar dos pasos hacia adelante y un paso hacia atrás y otras veces es un paso adelante y dos atrás. ¿Qué les falta? Bueno, en su prisa por ascender en el mundo del liderazgo se han saltado el elemento fundamental: su autoliderazgo.

El autoliderazgo es el aspecto más crucial del liderazgo con identidad. En otras palabras, si quieres liderar a otros, tienes que aprender a liderarte a ti mismo primero.

El poder de la autoconsciencia

Green Peak Partners y Cornell University estudiaron a 72 ejecutivos de empresas públicas y privadas con ingresos de $50 millones a $5 mil millones[2]. Tal estudio los llevó a descubrir que el predictor más fuerte del éxito es un alto nivel de autoconsciencia. Aquellos que lo tienen cuentan con la base suficiente para:

- Mejorar su desempeño

- Aclarar su propósito y dirección

- Superar etiquetas (de raza, género o circunstancia)

- Crecer y aprender

- Desarrollar habilidades de liderazgo

- Mejorar su nivel de inteligencia emocional

Cada líder de sí mismo es una persona autoconsciente. ¿Eres tú consciente de ti mismo?

Definiendo autoliderazgo

Autoliderazgo es, en esencia, comprender quién tú eres.

Es conocer tus habilidades, pasiones y metas.

Los líderes consciente de sí mismos saben a dónde van y cómo llegar allí.

Viven, piensan y actúan de manera intencional.

Saben de qué son responsables.

Se conocen por dentro y por fuera.

Son auténticos y están siempre atentos.

Viven en función de desarrollar su autoconsciencia, su autoconfianza y su autoeficacia.

Su autoconfianza proviene del profundo conocimiento que tienen de sí mismos.

Su autoeficacia —la confianza que tienen en que sabrán manejar lo que sea que se les presente en el camino— les ayuda a evaluar con calma las diversas situaciones, a recibir los comentarios de los demás sin sentirse por cualquiera que sea la observación que reciban y a ajustarse para manejar cada desafío de la mejor forma posible.

Quienes saben liderarse a sí mismos son pensadores disruptivos y no tienen miedo de romper las estructuras, ni de hacerle caso a su pensamiento creativo e innovador.

Cuatro aspectos del autoliderazgo

John Ng es el apasionado Director de Meta Consulting, una empresa que les ofrece servicios de consultoría a las principales corporaciones internacionales. Ng escribe sobre autoliderazgo y afirma que hay cuatro aspectos de este tipo de liderazgo[3]:

1. **Autoconsciencia.** Eres autoconsciente cuando conoces y comprendes tus propios valores, tus verdaderas perspectivas, fortalezas, debilidades y tendencias con respecto al liderazgo y a tus necesidades emocionales.

2. **Autoliderazgo.** Cuando sabes cómo y cuándo nutrir y aprovechar tus pasiones, habilidades, emociones y capacidades de liderazgo en la toma de tus decisiones, eres el líder de ti mismo.

3. **Consciencia de los demás.** Cuando sabes ver y reconocer las pasiones, los dones, las fortalezas, las debilidades, el potencial y las necesidades ajenas, entonces, eres consciente de los demás.

4. **Líder de los demás.** Cuando tienes la capacidad de ayudarles a crecer a otras personas y las motivas a que desarrollen su potencial y a satisfacer las necesidades de la organización a la que ellas pertenecen, entonces, eres líder de los demás.

Esos cuatro aspectos del liderazgo están puestos en ese orden por una razón. Tienes que ser consciente de ti mismo antes de aprender a ser tu propio líder y de poder nutrir tus habilidades, emociones y capacidades de liderazgo. Y necesitas de ambos, autoconsciencia y autoliderazgo, antes de poder ser consciente de las necesidades y del potencial de los demás. A su vez, necesitas ser consciente de los demás antes de lograr hacer crecer su potencial.

También es importante comprender que esos cuatro aspectos deben permanecer activos y dinámicos. No se trata de un juego de relevos durante el cual pasas el bastón y después de haber andado ese primer tramo del proceso te dedicas a descansar en el banquillo. Más bien, es como si la primera antorcha estuviera encendiendo la siguiente y así sucesivamente hasta haber encendido las cuatro antorchas. En este camino hacia el liderazgo, los cuatro aspectos están siempre activos; todos están interactuando unos con otros. Esas antorchas no se queman por sí solas, sino colectivamente y de forma más brillante.

> "Una persona que nunca ha cometido un error,
> nunca ha intentado nada nuevo".
> —ALBERT EINSTEIN

Importancia del autoliderazgo

Muchas personas y corporaciones exitosas comprenden la importancia del autoliderazgo. Por ejemplo, Christopher Avery, Director Ejecutivo de Partnerwerks, Inc., y popular conferencista enfocado en el tema del liderazgo ágil, afirma: "Los trabajadores de hoy responden a líderes auténticos, reales, con principios, responsables, inspirados y valientes. Esas son cualidades propias del autoliderazgo. Liderarte a ti mismo equivale al 95% de tu capacidad de liderar a otros[4]". Por lo tanto, él recomienda que, quienes quieran liderar, antes que todo, deben desarrollarse y creer en sí mismos y luego encontrar oportunidades que les generen el valor agregado que les sirva de inspiración para liderar como debe ser.

Qué hace por ti el autoliderazgo

El autoliderazgo hace mucho por ti, pero quiero señalar solo algunos de sus beneficios:

- **El autoliderazgo transforma tu manera de ver a los demás.** Cuando aprecias tus propias fortalezas y debilidades, tus aspiraciones y tu potencial, estás en capacidad de apreciar estos mismos aspectos en la vida de otra gente.

- **El autoliderazgo te ayuda a alcanzar tu potencial.** Los líderes de sí mismos tienen una longevidad que otros líderes no tienen, porque tienden a desarrollar un mayor nivel de inteligencia emocional que ellos. Estudios comparativos entre quienes prosperan en su rol de liderazgo y quienes apenas sobreviven a él indican que la inteligencia emocional —más que las capacidades cognitivas— fue un factor clave en su éxito.

- **El autoliderazgo te mantiene enfocado en lo que es importante.** Dado que tienes mayor conciencia y conocimiento de ti mismo, no te dejas influenciar cuando se trata de sacrificar tus resultados a largo plazo en aras de obtener una ganancia inmediata, pero probablemente fugaz.

- **El autoliderazgo te ayuda a dejar el legado que estabas destinado a dejar.** Quienes saben ser líderes de sí mismos son aquellos que se levantan por encima de las circunstancias, que dejan un impacto positivo en las personas y organizaciones, que sobreviven a los buenos y a los malos tiempos, porque están cimentados en quiénes son ellos y en cómo liderar.

Qué hace el autoliderazgo por una empresa

Ken Blanchard, consultor de gestión y autor de más de 60 libros, incluido *The One Minute Manager,* dice que cuatro cosas suceden cuando una empresa sabe formar gente que se lidera de sí misma[5]:

- **La empresa es testigo de un desarrollo acelerado** a medida que los líderes de sí mismos toman el control de su propio desarrollo.

- **La empresa ve un mayor rendimiento** en los líderes de sí mismos que están más comprometidos con ellos mismos y con la organización.

- **La empresa obtiene los beneficios de los líderes de sí mismos que se mantienen en su responsabilidad** de lograr sus objetivos y de ejecutar las iniciativas de la empresa.

- **La empresa experimenta una mayor innovación** a medida que los líderes de sí mismos desarrollan una mentalidad enfocada en brindar soluciones creativas y avanzadas.

Es tu hora de actuar

Con suerte, a estas alturas, ya ves el valor del autoliderazgo. No se trata solo de una cualidad agradable que complementa tu capacidad de liderazgo. El autoliderazgo es esencial; es fundamental. Tratar de liderar sin ser un líder fuerte de sí mismo es como meterte en un auto sin motor y preguntarte por qué no logras hacerlo funcionar.

El mundo clama por más y más líderes de sí mismos y con identidad propia. Es este tipo de liderazgo el que es duradero e impactante. El que cambia vidas —tanto la tuya como la de quienes están en tu esfera de influencia—. Este es el tipo de liderazgo que deja verdaderos legados.

La buena noticia es que todo aquel que se lo proponga puede aprender a ser un líder con identidad. Esta no es una opción para unos pocos elegidos. Es para cualquiera que se interese en adentrarse y dominar el tipo de liderazgo que marcará la diferencia en el Siglo XXI.

Si quieres incursionar en este tipo de liderazgo y aprender a manejarlo, sigue leyendo. Te mostraré cómo lograrlo.

Tratar de liderar sin ser un líder fuerte de sí mismo es como meterte en un auto sin motor y preguntarte por qué no logras hacerlo funcionar.

"Liderar a los demás es una fortaleza.
Pero el dominio de sí mismo es verdadero poder".

—LAO TZU

Hablando de líderes

Un líder es mejor cuando la gente apenas sí sabe que él existe.

No es tan bueno cuando la gente lo obedece y lo aclama.

Es todavía peor cuando lo desprecian.

Pero un buen líder es aquel que habla poco.

Que cuando hace su trabajo, cumple con su objetivo.

Entonces, su equipo de trabajo dirá:

"Lo hicimos nosotros".

—LAO TZU,
FILÓSOFO CHINO DEL SIGLO VI A. C.

Claves del liderazgo con identidad

- El mundo es impactado y transformado por líderes, no por seguidores. El liderazgo con identidad es el nivel más alto de liderazgo —el tipo de liderazgo requerido en el Siglo XXI.

- El autoliderazgo es un aspecto crucial del liderazgo con identidad. Es necesario que aprendas a liderarte a ti mismo antes de aprender a liderar a otros.

- Los líderes con identidad son solucionadores de problemas, constructores de puentes y conectores de personas. Ellos saben identificar y nutrir el potencial que hay en sí mismos y en otros.

- Los líderes con identidad saben quiénes son, a dónde van y cómo llegar allí.

- Los líderes con identidad están mejor preparados para aprovechar al máximo las nuevas oportunidades que proliferan a través del pensamiento disruptivo que tiene lugar en las industrias y en todos los sectores alrededor del mundo.

CAPÍTULO 2

Por qué la identidad importa

No hay viaje fácil hacia un gran destino.

Nací en Whitesboro, Nueva Jersey. Soy uno de un total de seis hijos. Mi padre, Stedman Sr., era pintor, carpintero y contratista. Y mi madre, Mary, trabajaba como empleada doméstica y auxiliar de enfermería. Siempre hubo comida en nuestra mesa, regalos debajo de nuestro árbol de Navidad y amor en nuestro hogar.

Nunca noté que fuéramos pobres. En cambio, sí notaba que algunos de mis amigos comían sándwiches preparados solo con mayonesa —sin jamón, ni queso—. Otros compartían una cama individual con tres hermanos y había casos en que dormían hasta cuatro. Algunos tenían agujeros en las paredes de sus viviendas.

Mis dos hermanos menores tienen discapacidades de desarrollo. Los niños en la escuela se burlaban de nosotros y nos insultaban, y eso dolía. Entonces, comencé a desarrollar sentimientos de vergüenza y de baja autoestima. Me metía en peleas y me exigía perfección para demostrarles que yo también valía.

Whitesboro era una ciudad negra dentro de un condado blanco. El decir de la región era: "Nunca ha salido nada bueno de Whitesboro". Eso también dolía. Estábamos orgullosos de que un pariente nuestro, George Henry White, fue un inversor líder que ayudó a fundar esta ciudad y por esa razón lleva su nombre en homenaje a él. George fue abogado y congresista. Había hecho algo valioso con su vida. Pero esa conexión con él y ese orgullo familiar nuestro no significaban nada para mis compañeros de escuela. Cuando pasé a sexto grado, fui a una escuela integrada en la que tuve que adaptarme a una cultura principalmente blanca y lidiar con la idea de que muchos blancos pensaban que eran mejores que yo solo por el color de su piel.

La raza y el color de la piel fueron grandes problemas para mí. Eran una espada afilada de doble filo que me cortó muchas veces.

Fue por eso que decidí que demostraría que yo también tenía mi propia valía y que la probaría por medio del baloncesto. Con eso en mente, trabajé duro, marqué más de 1.000 puntos durante mis años de escuela secundaria y recibí muchos halagos de equipos universitarios.

Quizá, algo bueno saldría de Whitesboro, después de todo.

UCLA, una potencia perenne del baloncesto, me incorporó a su equipo. El equipo venía de ganar 10 campeonatos de la NCAA en cuestión de 12 años —un hazaña asombrosa— liderados por su legendario entrenador, John Wooden. El mejor equipo y el mejor entrenador de la nación querían que yo jugara para ellos.

Te diré que aquello fue algo embriagador para mí en ese entonces. Me llevaron en un vuelo directo a California. Me reuní con los entrenadores y jugadores y me llevaron a Disneylandia. En el campus de UCLA vi por primera vez una cafetería con toda clase de buenas comidas y me dijeron que tomara toda la que quisiera. Por supuesto, eso fue lo que hice.

Recuerdo que pensé: "Está bien. *Esto* sí que es vida. ¡Por fin, tengo la vida que quiero!". Tuve que pellizcarme para asegurarme de que no estaba soñando.

El plan consistía en que me inscribiera en UCLA después de haber cursado dos años de universidad. Ese plan nunca resultó.

Fui a Weatherford Junior College, en Weatherford, Texas. Allí empecé un viaje atravesando todo el país. Luego, viajé al extranjero y regresé.

Weatherford abandonó su programa de baloncesto después de un año, así que fui transferido a University of Detroit, pero nunca encajé allí, nunca me gustó la escuela, no veía que hubiera mucho tiempo dedicado al baloncesto y quise salirme de allí.

Harvey Catchings era un ex compañero de equipo en Weatherford. Él hizo una carrera de 11 años en la NBA. Su consejo fue que me uniera a Hardin-Simmons University, en Abilene, Texas. Así que lo hice. Terminé jugando el resto de mi carrera universitaria allí y me gradué de una Licenciatura en Trabajo Social.

El hecho es que, aunque tenía un título, no sabía a ciencia cierta lo que quería hacer con mi vida, además de jugar baloncesto. Entonces, me uní al ejército y fui enviado a Alemania, donde trabajé como administrador de un hospital —y estando allí, me integré al equipo de baloncesto.

Algunos alemanes me dijeron que les encantaría que jugara en su equipo. Terminé jugando a nivel profesional en Europa durante cuatro años. Gané algo de dinero, me divertí un poco y viajé por toda Europa. Al menos, por un corto tiempo, estaba disfrutando la vida.

Pero cuando regresé a Estados Unidos, todavía no sabía lo que quería hacer —porque ni siquiera sabía quién era yo realmente—. Mi identidad era más o menos la de un jugador de baloncesto en ese momento. Pero esa parte de mi vida, al menos como jugador profesional, estaba llegando a su fin.

Hice una prueba de evaluación profesional y obtuve un puntaje del 99%, calificando así para recibir asesoramiento y educación, de modo que fui a Ball State University e hice una maestría en Educación. Ese fue un punto de inflexión para mí. Me ayudó a hacer realidad mi verdadera pasión, que es ayudarle a la gente y educarla en lo referente a cómo descubrir su vocación e identidad.

Esta labor me encaminó a iniciar Atlets Agains Drogs (AAD) en 1985. AAD es una organización sin fines de lucro que les brinda servicios a los jóvenes. Desde su fundación, les ha otorgado millones de dólares en becas. Esto a su vez me llevó a fundar, en 1988, mi propia empresa, S. Graham & Associates, firma de consultoría y administración que se especializa en mercados corporativos y educativos, generando recursos y programas destinados a ayudarles a personas pertenecientes a todos los campos de la vida a desarrollar su identidad y sus habilidades de liderazgo. Ahora, escribo libros, doy seminarios y charlas, todo con el objetivo de ayudarles a los demás a descubrir su identidad, sus pasiones y sus talentos. Le ayudo a la gente a convertirse en líderes con identidad.

Cuando era joven y jugaba basquetbol profesional en Europa, pensaba que estaba viviendo la vida. Pero aquella fue una etapa corta. Cuando regresé a Estados Unidos, comprendí que mi identidad iba más allá de jugar baloncesto y le di paso a mi verdadera pasión: ayudar y educar a otros, en especial, en las áreas de identidad, desarrollo y liderazgo. Ahí sí comencé a vivir la vida que estaba destinado a vivir.

Y no he parado desde entonces.

"Convertirte en líder es sinónimo de convertirte en ti mismo. Es así de simple y también así de difícil".

—WARREN BENNIS

Tu viaje hacia tu identidad

Te he contado un poco de mi viaje para que tengas un ejemplo de cómo la identidad se forma con el paso del tiempo, cómo se desarrolla y se revela por medio de ciertos eventos, experiencias y oportunidades que van surgiendo en el camino. Quiero dejar este punto muy en claro: el proceso de identidad es único para todos. Sí, existe un proceso general que podemos utilizar para descubrir nuestra identidad, así como para aprovechar nuestras capacidades de liderazgo —y sigue siendo el mismo—. Pero la forma en que cada uno experimenta ese proceso es única e individual. Así que no compares tu propio progreso o experiencia con los de tus amigos o compañeros de trabajo. Solo concéntrate en tu propio viaje. De eso se trata realmente este libro: de ayudarte en tu propio viaje hacia encontrar tu verdadera identidad.

A medida que lo emprendas, te estarás respondiendo muchas preguntas acerca de ti mismo, de tus deseos, tus capacidades, tus metas, etc. Pero en un sentido más amplio, todas esas preguntas encajarán dentro de estas tres preguntas generales:

¿Quién eres tú?

¿Hacia dónde vas?

¿Cómo vas a llegar allí?

Dediquemos unos minutos a analizar cada una de esas preguntas.

¿Quién eres tú?

Mucha gente pasa por la vida sin descubrir nunca quién es realmente. Muchos caen en un patrón, en una rutina, en un trabajo o en una serie de trabajos y hacen todo esto más o menos en piloto automático, como una hoja flotando río abajo, en cualquier dirección que tome la corriente. No piensan en preguntarse quiénes son. Quizá, porque no tienen idea de cómo responder a esa pregunta. Algunos no quieren saber quiénes son, porque tienen baja autoestima y sienten miedo de descubrir su verdadero yo.

Esto es lo que les digo a todos aquellos que piensan que esta pregunta es demasiado difícil de responder o que no quieren saber la respuesta: *averiguar quién eres y cuál es tu esencia es siempre — siempre— un esfuerzo que vale la pena hacer.*

Quién eres tiene que ver con tus talentos, tus habilidades, tus sueños y tus aspiraciones. No importa cuál sea tu situación actual, no importa si eres de cuello azul o de cuello blanco, ni tampoco importa en qué vecindario vivas, ni tu raza, ni tu religión, ni cualquier otra cosa, el hecho es que tienes talentos y habilidades que te brindan un placer innato cuando los usas —y al usarlos, comienzas a mostrarle al mundo quién en verdad tú eres.

Cuando funcionamos con total plenitud, utilizando los dones que hemos recibido, es entonces cuando nos sentimos más satisfechos que nunca. Y a medida que los usamos, nos encontramos con más y más oportunidades, porque el mundo se abre a nuestros pies cuando ve todo nuestro potencial.

Entonces, es nuestra obligación explorar y comprender cuáles son esos dones y talentos que tenemos. Y cuando los conocemos, cuando entendemos qué es eso que nos hace sentir 100% motivados y con energía, que nos causa placer y felicidad, cuando hacemos lo que amamos y lo hacemos usando las habilidades en las que nos destacamos, es ahí cuando estamos preparados para vivir a nuestro máximo potencial.

Los líderes con identidad saben cómo aprovechar todo su potencial, porque ellos tienen la comprensión de sí mismos que se requiere para hacerlo. Pero esa autocomprensión es solo el comienzo de cómo hacer para abrirle la puerta al máximo de tu potencial. El siguiente paso es averiguar lo que quieres hacer con ese potencial.

Muchos caen en un patrón, en una rutina, en un trabajo o en una serie de trabajos, y hacen todo esto más o menos en piloto automático, como una hoja flotando río abajo, en cualquier dirección que tome la corriente.

¿Hacia dónde vas?

Una vez que comprendas quién eres, cuáles son tus habilidades, qué te da energía y qué es lo que tiene el significado y el valor más profundo para ti, entonces, ya puedes comenzar a formarte una visión de tu vida que esté centrada en el máximo uso de esos talentos y habilidades con los que cuentas. Esa visión está basada en tu autocomprensión y en tus anhelos.

Con frecuencia, las personas se enfrentan al desafío de no soñar lo suficientemente en grande. Comprenden sus talentos y lo que quieren hacer con ellos, pero su inseguridad las frena ("¿De verdad puedo yo hacer esto?"). A veces, tienen un falso sentido de humildad ("Estoy bien donde estoy", "Debería estar satisfecho con lo que estoy haciendo ahora"). También hay quienes incluso sienten vergüenza ("La gente se reirá de mí si hablo de un sueño o una visión que no logro alcanzar").

El caso es que esas son las personas más infelices en la vida, porque en el fondo saben que quieren más y que son capaces de más. Por lo tanto, es crucial entender que *más* no significa más dinero o más bienes materiales o más estatus o poder. Más en este caso significa vivir una vida en la que desarrolles tu potencial haciendo eso que mejor haces y que te da tanta energía hacer.

¿Cómo vas a llegar allí?

Una vez que sepas quién eres y a dónde quieres ir, debes averiguar cómo vas a hacer para llegar allí. Esta etapa tiene que ver con planificación. Aquí te corresponde tomar tu visión y crear un plan de acción que te sirva para realizar esa visión. Ese plan te guiará en el camino hacia la realización de todo tu potencial.

Dicho plan debe incluir el panorama general, tu objetivo final, tu visión y lo que la convierte en algo concreto y real, desafiante, pero alcanzable; que conste de pasos y metas medibles que te lleven a donde estés funcionando en tu máxima capacidad, haciendo lo que sabes hacer mejor, creciendo y expandiéndote a medida que avanzas hacia tu visión.

Verás cómo tu identidad impacta estas tres preguntas. Conocerla y comprenderla es la llave que abre la puerta a las respuestas de esas preguntas. Tu identidad le da forma a tu propósito. Tu propósito le da forma a tu plan. Y tu plan le da forma a tu vida.

> "La verdadera esencia del liderazgo
> es que tienes que tener una visión".
> —THEODORE HESBURGH

Cuatro elementos clave para realizar tu viaje

A medida que emprendas tu viaje en busca de tu identidad, no olvides:

- **Creer en ti mismo.** No importa qué talentos tengas, ni qué sueños albergues; si no crees en ti mismo, no aprovecharás todo tu potencial.

- **Conocer en qué consiste tu competitividad.** Asegúrate de identificar en qué eres competente y lo que quieres y necesitas hacer para adquirir cada vez más competitividad en tu área en aras de realizar tu visión.

- **Ponerte a prueba continuamente.** El crecimiento no llega sin desafío. Ensánchate, amplía tus límites. Los líderes con identidad no temen fallar. Más bien, usan el fracaso para crecer más.

- Ser paciente contigo mismo. El crecimiento, el alto nivel de competitividad, las oportunidades y los sueños realizados no llegan todos a la vez. Toman tiempo. Tu labor es seguir avanzando. Permítete cometer errores y ser flexible a medida que avanzas en el cumplimiento de tus metas.

El poder de la identidad

Mi mayor propósito al escribir este libro y crear un programa de liderazgo con identidad es ayudarte a conocerte a ti mismo y a que identifiques —y desarrolles al máximo— en qué consiste tu capacidad para ejercer un liderazgo con identidad. Quiero ayudarte a vivir la vida que estabas destinado a vivir.

Todos tenemos el potencial para la grandeza. Todos y cada uno de nosotros. El problema es que la mayoría de la gente no sabe cuál es su potencial, ni mucho menos cómo hacer para activarlo. Más adelante en esta lectura te guiaré a través de un proceso que te ayudará a activar ese potencial, a ponerlo en marcha y a poner juntos tu propósito y tu anhelo de construir una vida poderosa, que te motive y energice, y que además te anime a funcionar al 100%.

Todos tenemos el potencial para la grandeza. Todos y cada uno de nosotros. El problema es que la mayoría de la gente no sabe cuál es su potencial, ni mucho menos cómo hacer para activarlo.

Todo eso depende de la identidad. Y la identidad conduce al autoliderazgo y este a su vez te abre el camino hacia esa vida que estabas destinado a vivir.

Cuando les pregunto a las personas cuál es su identidad, es casi seguro que la mayoría de ellas se refiere a lo que ellas *hacen*.

"Soy profesor".

"Soy representante de ventas".

"Soy gerente".

"Soy panadero".

"Soy dueño de una floristería".

Eso no describe sus propósitos esenciales en la vida, ni sus habilidades innatas, ni sus anhelos, ni su personalidad o sus rasgos de carácter. Lo que describe es lo que ellas hacen para ganarse la vida. Ese es un aspecto externo. Lo que yo quiero es conocer su interior, lo que las impulsa, lo que las mueve, lo que acelera su pulso. ¿Qué es aquello que las haría no esperar a que suene su despertador y sentir deseos de suspirar al ver que llega una nueva mañana? ¿Qué es lo que las animaría a comenzar cada día?

Es obvio que quienes sienten todo esto y tienen las respuestas a estas preguntas conocen cuál es la esencia de su identidad. Ellos se conocen a sí mismos y saben de lo que se trata su vida y lo que están haciendo con ella. Por esa razón, no ven la hora de proseguir con todo a lo que se están dedicando.

Ahí es donde todos queremos llegar.

Durante el tiempo que me dediqué a hacer mi posgrado y a comenzar mi propio negocio, trabajé para uno de los sistemas penitenciarios de Denver y Chicago. Las cárceles están llenas de personas que se encuentran ahí porque no tienen ni la menor idea de quiénes son. Con mucha frecuencia, tienen una mentalidad negativa basada en el miedo y carecen de las habilidades necesarias para hacerse cargo de su propia vida y de sus emociones. No ven ningún potencial en sí mismas.

Podrías decir: *"Bueno, al menos yo no estoy en una prisión".*

Y yo te respondería: *"Estás en una prisión que tú mismo te fabricaste si no sabes quién eres, ni cuáles son tus posibilidades. Eres libre por fuera, pero estás encarcelado por dentro".*

Y esa no es la forma de vivir de verdad.

Claves del liderazgo con identidad

- Tu identidad se forma con el paso del tiempo, se va desarrollando y revelando a través de eventos, experiencias y oportunidades que llegan a tu vida. En general, el proceso suele ser el mismo —pero la experiencia específica es única para todos.

- No es fácil descubrir la esencia de tu identidad. Sin embargo, descubrir quién eres siempre vale la pena el esfuerzo. Conocer la esencia de tu identidad te ayudará a usar tus dones y habilidades al máximo.

- Conocer la esencia de tu identidad significa vivir una vida en la que satisfagas tu potencial haciendo las cosas que mejor haces y que tanto te animan y reconfortan.

- Tú tienes potencial para la grandeza. Al conocer tu identidad activarás ese potencial y de esa manera vivirás la vida que fuiste destinado a vivir.

CAPÍTULO 3

Líderes, no etiquetas

*Rechaza las etiquetas que la gente use para definirte
y mantenerte encerrado entre una caja.
Para salirte de ahí, necesitarás autoliderazgo.*

Temprano en la vida, dejé que otras personas me definieran. Dejé que la gente me definiera por mi raza. Yo vengo de un lugar del que "no saldría nada bueno". Tenía dos hermanos con discapacidades de desarrollo. Era un deportista. Aunque las pruebas mostraban que yo tenía un coeficiente intelectual alto, era un estudiante promedio cuyos hábitos de estudio eran deficientes.

Escuché todo esto, lo asimilé todo y me confundió. Yo quería más de la vida, quería hacer algo de mí mismo que valiera la pena —que la gente supiera que algo bueno podía salir de Whitesboro—, aunque yo no supiera con exactitud de qué se trataba. No tenía cómo hacer planes para mi vida, porque no tenía un concepto claro de quién era o de lo que era capaz, ni incluso de lo que quería hacer, más allá de jugar baloncesto.

Pero con el tiempo, a través de muchas pruebas y errores, de mucha lectura y buscando en mi alma, descubrí quién era yo. Me di cuenta de dónde quería ir e hice un plan de cómo habría de llegar allí.

Descubrí que lo que realmente importa es mi capacidad para definirme basado en comprender y luego en hacer realidad mis anhelos. Tú también tienes esa habilidad. Tú puedes construir la vida que quieras según tus propios sueños y fortalezas, no teniendo en cuenta las ideas de otra persona sobre quién eres o lo que debes hacer.

No dejes que otros te etiqueten

Todo depende de cómo te definas a ti mismo y de quién determina esa definición: tú u otra persona.

Sin identidad propia nos dejamos definir por los demás. Nos ponen en una caja y nos etiquetan por raza, género, circunstancias familiares, título profesional —la lista de etiquetas se vuelve muy larga cuando otros te definen.

Cuando nos etiquetan y aceptamos esas etiquetas, desarrollamos una mentalidad de desigualdad que nos lleva a tomar malas decisiones y a limitar nuestro propio potencial y nuestras oportunidades. El desafío es lograr ir más allá de las etiquetas para concentrarnos en lo que es relevante para construir nuestra vida y saber qué elecciones debemos tomar para lograr el éxito en función de nuestra visión de nosotros mismos.

Pero por supuesto, no podemos tener esa visión, ni centrarnos en lo que es realmente relevante si no sabemos quiénes somos. Así que, una vez más, esa es la enorme importancia de comprender tu identidad.

Cuando les creemos a las etiquetas que nos ponen nos dejamos meter entre una caja, esclavizados por lo que otros piensan de nosotros. El mundo nos dice: *"Tú no sabes quién eres. Déjame decirte quién eres"*. El desafío es este: necesitamos evitar las etiquetas externas que intentan controlar nuestra mente, recuperar nuestro poder y control y definirnos de adentro hacia afuera.

¿Cómo piensas y sientes con respecto a ti mismo?

Quiero enseñarte cómo cambiar tu forma de pensar y sentir con respecto a ti mismo. Porque cuando cambias tus pensamientos, cambias tus sentimientos— y cuando cambias tus sentimientos, cambias tu actitud.

Y cuando cambias de actitud, cambias tu vida.

Ese primer paso —cómo piensas y sientes acerca de ti mismo— es el más crítico.

Si dejas que otros te digan quién eres y de qué eres capaz, entonces, serás su prisionero. Ellos gobernarán tu vida. Ellos te establecieron sus límites. Estarán diciéndote cómo verte a ti mismo y cuál es tu lugar en este mundo.

Eso es lo que sucede cuando dejas que otros te etiqueten.

"¡Pero eso no es lo que yo soy realmente!", llora una vocecita dentro de ti.

Sin embargo, a menos que le muestres al mundo quién eres realmente, el mundo no creerá en las protestas que hagas.

En consecuencia, el mundo te definirá si tú no te defines a ti mismo. El mundo te impondrá una identidad y tú nunca serás el reflejo de tu verdadero yo, ni de tus capacidades y dones; esa siempre será una versión menor y más restringida de ti mismo. Y lo que es peor, será una versión 100% falsa.

El mundo te definirá si no te defines a ti mismo. El mundo te impondrá una identidad y tú nunca serás el reflejo de tu verdadero yo, ni de tus capacidades y dones; esa siempre será una versión menor y más restringida de ti mismo. Y lo que es peor, será una versión 100% falsa.

Construye una vida basada en tus sueños y fortalezas

Todos tenemos la capacidad de construir una vida basada en nuestros sueños y fortalezas y no en las ideas que otras personas tengan sobre quiénes somos o deberíamos ser. Nuestro primer paso hacia esa libertad es descubrir quiénes somos. Entonces, sí estaremos listos para articular claramente nuestra visión, así como para tomar buenas decisiones y comenzar a formar hábitos que apoyen nuestro continuo proceso al tiempo que vivimos acorde a nuestra identidad propia.

Con experiencia —errores incluidos—, nuestro propósito y misión emergen y ganamos confianza a medida que nos damos cuenta que estamos viviendo la vida que estábamos destinados a vivir.

Crecí en una época en la que la segregación racial y la discriminación eran legales. Piensa en eso por un momento. No solo era aceptable que me etiquetaran y restringieran erróneamente, sino que además era una norma social y cultural hacerlo.

Sigue siendo una norma cultural ponerles todo tipo de etiquetas negativas a las personas, etiquetas relacionadas con la raza, la religión, la identidad sexual, la política, el estatus socioeconómico, la historia personal, los errores pasados, etc.

Sin embargo, no podrás liberarte de esas etiquetas hasta que desarrolles una autoimagen nueva y precisa.

Sidney Weinberg: De asistente de conserjería a Director en Jefe de Goldman Sachs

Sidney Weinberg, uno de 11 hijos, abandonó la escuela cuando estaba en secundaria. A principios de la década de 1900, comenzó a trabajar como asistente de conserje en Goldman Sachs, una empresa de inversión, ganando $3 dólares por semana, cepillando los sombreros y limpiando los forros de los zapatos de los socios de la firma.

Pero uno de los Sachs —nieto del fundador— noto algo diferente en Weinberg, así que lo ascendió a la sala de correo y Weinberg, que carecía de educación, pero no de confianza en sí mismo, reorganizó de inmediato la sala de correo.

Weinberg fue ascendiendo en la firma hasta que en 1927 se convirtió en socio. Tres años después, se convirtió en socio sénior y ese mismo año pasó a ser el Director de la empresa, salvándola de la quiebra durante la Gran Depresión y siguió siendo Director en Jefe de Goldman Sachs hasta su muerte, en 1969.

Sidney Weinberg sabía quién era y de lo que era capaz. Se conocía tan bien que sus capacidades se volvieron evidentes para los miembros más importantes de la empresa. A pesar de su falta de educación, su vida se transformó y pasó del cargo con el salario más bajo en la compañía a ocupar el más alto, porque él sabía quién era.

George Washington Carver: Ningún obstáculo podría detener su propósito

George Washington Carver nació en medio de la esclavitud de la Guerra Civil. Hablar de sobrevivir y de prosperar era ir en contra de toda probabilidad: sus 11 hermanos murieron prematuramente.

Después de la abolición de la esclavitud, Carver fue criado por sus ex propietarios, quienes lo acogieron como a su propio hijo. Carver tuvo que enfrentarse a muchas dificultades para encontrar escuelas que aceptaran a los negros. Pero él amaba la educación y se aferró ferozmente a su visión de educar a otros. (En años posteriores, recordó a una mujer a la que él le rentó una habitación con el fin de poder asistir a una escuela para niños negros, que le dijo: "Debes aprender todo lo que puedas y luego volver al mundo para compartirle tu aprendizaje a la gente").

Cuando se postuló a una universidad y fue aceptado, fue solo para ser rechazado cuando las directivas descubrieron que él era negro. Finalmente, asistió a Simpson College en Indianola, Iowa y después en Iowa States, en Ames. Más tarde, se convirtió en el primer profesor negro miembro del Estado de Iowa y enseñó durante 47 años en Tuskegee Institute. A lo largo de los años, condujo experimentos en cultivos e hizo investigaciones agrícolas que mejoraron la vida de agricultores de escasos recursos y desarrolló alrededor de 100 productos hechos con maní, incluyendo cosméticos, tintes, pinturas, plásticos, gasolina y nitroglicerina. Con el tiempo, se hizo famoso por sus logros.

Carver enfrentó numerosos obstáculos a lo largo de su vida, sobre todo, en sus comienzos. Pero él siguió adelante. A veces, los obstáculos lo frenaban por un tiempo, pero él siempre seguía adelante. Estaba decidido a vivir la vida que estaba destinado a vivir. Conocía sus capacidades. Sabía que estaba destinado a pertenecer al campo de la educación y la investigación y, tal y como esa mujer al principio de su vida le había animado a hacer, él le devolvió su conocimiento a la gente con la que trabajó.

Escribe tu propia historia de vida

Piensa en tu vida como si fuera una historia. Y a medida que vivas, cuéntale al mundo esa historia. Al igual que las historias, nuestra vida tiene giros y giros en ella, puntos de la trama que hacen que la historia vaya en diferentes direcciones.

Todos tenemos el poder de escribir el guion de nuestra vida. Eso no significa que no experimentaremos decepciones, ni desafíos en el camino; de hecho, las historias se vuelven cada vez más ricas y satisfactorias cuando aprendemos cómo fue que cada persona perseveró a pesar de esos desafíos y los superó.

Es muy liberador cuando nos damos cuenta que el éxito en la vida se basa en nuestra capacidad y voluntad de ser los creadores de nuestro propio futuro, cuando tomamos posesión y control de nuestra vida. Es fácil buscar fuentes externas, personas y organizaciones políticas o sociales y otras fuerzas exteriores para que ellas se encarguen de cambiarnos la existencia. Pero nuestro mayor recurso para lograr esos cambios no está en el mundo exterior. Está dentro de nosotros.

Es muy liberador cuando nos damos cuenta que el éxito en la vida se basa en nuestra capacidad y voluntad de ser los creadores de nuestro propio futuro, cuando tomamos posesión y control de nuestra vida.

Como dijo Mahatma Gandhi: "Tú debes ser el cambio que tú deseas ver en el mundo". En otras palabras, si te cambias a ti mismo, cambiarás al mundo.

Sin embargo, el cambio no sucederá si sigues haciendo las mismas cosas que siempre has hecho. Es fácil quedarte atascado en las rutinas y luego frustrarte por el hecho de que estás atrapados en ellas.

La locura ha sido descrita como hacer lo mismo una y otra vez esperando resultados diferentes.

Tú no tienes por qué seguir haciendo las mismas cosas una y otra vez. De hecho, no puedes seguir haciéndolas si en realidad quieres y esperas cambios. Necesitas no solo conocerte a ti mismo y a tus expectativas en la vida, sino también asumir la responsabilidad de ellas y perseguirlas de manera que entiendas que necesitas hacer cambios.

Hasta que completa su libro, un escritor siempre se enfrenta a una página en blanco que lo lleve más allá de lo que ha escrito hasta ahora. Así sucede con tu vida.

Hoy es una página en blanco. ¿Qué vas a escribir en ella? La semana que viene, el mes que viene, el año que viene, son páginas en blanco. ¿Qué vas a escribir en ellos? ¿Y de qué etiquetas tendrás que despojarte?

Tú decides.

Una vez que termines de leer este libro, tendrás las herramientas y los conocimientos necesarios para comenzar a planear cómo irá el guion de tu vida.

"Si escuchas una voz dentro de ti que dice: 'No puedes pintar', entonces, pinta y sigue pintando y esa voz terminará por silenciarse".

—VINCENT VAN GOGH

Nelson Mandela: Nunca pierdas de vista tu identidad

Nelson Mandela nunca perdió de vista quién era él.

Después de una revolución en contra de la segregación racial ocurrida en Sudáfrica, Mandela fue encarcelado durante 26 años antes de ser liberado por el Presidente F. W. de Klerk, en medio de una creciente presión a nivel nacional e internacional.

Bien fuera que estuviera en libertad o en prisión, Mandela siguió siendo lo que era: un líder innato, un luchador por la libertad y un hombre que defendía a toda costa la compasión, la justicia y la paz.

Mandela se representó a sí mismo en su juicio inicial y no llamó testigos, sino que dio un razonable y apasionado discurso de tres horas, titulado "Estoy preparado para morir". Su mensaje de igualdad, libertad y democracia conmovió e inspiró a gente de todo el mundo. Este es considerado como uno de los grandes discursos del Siglo XX y un momento clave en la Historia de la democracia sudafricana.

Su discurso fue titulado de esa manera, porque así es como termina:

"A lo largo de mi vida, me he dedicado a luchar por el pueblo africano. He luchado contra la dominación blanca y también contra la dominación negra. He acariciado el ideal de una sociedad democrática y libre en el que un día todas las personas vivan juntas, en armonía y con igualdad de oportunidades. Es un ideal por el que espero vivir para verlo realizado. Pero, mi Señor, si es necesario, es un ideal por el que estoy dispuesto a morir".

Cuando dijo "mi Señor" se refería al juez que pudo haberlo sentenciado a muerte.

Puedes estar seguro de que Nelson Mandela fue firme en su identidad propia y en su sentido de liderazgo. Nada —ni la prisión, ni incluso la posibilidad de muerte— logró apartarlo de estos conceptos. Él sabía a ciencia cierta quién era y para lo que fue hecho, y cuatro años después de ser liberado, fue presidente electo de Sudáfrica, convirtiéndose en la primera cabeza negra del Estado y en el primero en ser elegido en una elección plenamente representativa de una democracia. Pero incluso antes de convertirse en presidente conoció a muchos jefes de Estado de todas partes, obteniendo apoyo en todo el mundo para acabar con el apartheid y el racismo institucionalizado en Sudáfrica. De hecho, el apartheid terminó en una serie de pasos a principios de la década de 1990 y culminó con su elección como presidente.

El Partido Nacionalista de Sudáfrica, gobernado por miembros de raza blanca, intentó vencer a Mandela, pero él se negó a ser vencido. Intentaron silenciarlo, pero el mundo entero escuchó su voz. Trataron de despojarlo de sus fuerzas, su dignidad y su identidad, pero él se negó a ser despojado. Intentaron sabotear el legado que él estaba construyendo, pero este siguió aumentando. Trataron de construir más alto los muros del apartheid, pero Mandela derribó esos muros.

Nelson Mandela nunca perdió de vista quién él era, ni en qué consistía su propósito. Y debido a todo eso, le trajo justicia y sanación a todo un país.

> "Un líder genuino no es un buscador de consenso,
> sino un moldeador de consenso".
> —Martin Luther King Jr.

Una vida con propósito y entusiasmo

Cuando pasamos por la vida sin un plan o propósito generamos una mentalidad de supervivencia. No tenemos una visión de vida, nos quemamos, no estamos motivados, no encontramos nuestro camino y no sabemos dónde comenzar.

La identidad es un punto de partida. Cuando nos enfocamos en lo importante, no nos convertimos en víctimas de las cosas externas que se interponen en nuestro camino y marginan nuestra existencia.

Teniendo claro cuál es nuestra identidad propia, empezamos a actuar con sentido y propósito y recibimos información que nos impulsa a andar por nuestro propio camino.

El éxito fluye de la comprensión de quién eres. Es el resultado final de haber obtenido una comprensión clara de tu identidad, de descubrir lo que te gusta hacer y aprender a hacerlo tan bien que seas capaz de aportarle valor al mundo.

El éxito fluye de la comprensión de quién eres. Es el resultado final de haber obtenido una comprensión clara de tu identidad, de descubrir lo que te gusta hacer y aprender a hacerlo tan bien que seas capaz de aportarle valor al mundo.

Tú tienes un propósito de vida único. Tienes dones y talentos únicos. Por consiguiente, debes aprender a profundizar en ti mismo y dejar de estar mirando afuera en busca de tu identidad. Hasta que te des cuenta de lo que hay en tu interior, tus verdaderos talentos nunca le agregarán valor a la vida de los demás y nunca cumplirás tu propósito.

Este libro y mi programa de liderazgo con identidad tienen como objetivo ayudarte a cumplir tus anhelos y a llevar una vida con propósito y verdadero entusiasmo.

Una de las lecciones que aprendí de las personas exitosas es que no importa de dónde venimos, ni nuestras circunstancias físicas, ni cualquier cambio de circunstancias. Los únicos que nos limitan son nuestros propios pensamientos y nuestras decisiones.

No hay garantías en este mundo. La vida es impredecible, entonces, tu mayor activo eres tú mismo. No puedes controlar el mundo, ni lo que pueda sucederte, pero sí puedes controlar cómo respondes a lo que pasa en el mundo y a lo que te pase.

Sin embargo, para hacer eso y tener éxito en hacerlo, sobre todo, en tiempos de conmoción, tienes que tener un fuerte sentido de ti mismo.

Claves del liderazgo con identidad

- Construye una vida basada en tus propios anhelos y en tus fortalezas, no en las ideas que tengan otras personas con respecto a quién eres o a qué debes hacer.

- Si no nos definimos a nosotros mismos, otros lo harán por nosotros. Y cuando aceptamos esas etiquetas, limitamos nuestro potencial y nuestras oportunidades. Necesitamos evitar las etiquetas externas, recuperar nuestra autoestima, tomar control de nuestra vida y definirnos de adentro hacia afuera.

- Cada vida es una historia en movimiento. No dejes que otros escriban tu historia por ti; toma la pluma y escríbela tú mismo. Tú eres el creador de tu propio futuro. Es hora de tomar el máximo control de tu vida.

- La identidad es el punto de partida para construir una vida con propósito y verdadero entusiasmo. Una vez te des cuenta de quién eres y qué es posible para ti, estarás limitado solo por tus propios pensamientos y opciones.

CAPÍTULO 4

Los líderes con identidad de hoy en día

*El liderazgo es crear hábitos diarios que contribuyan
a desarrollar las habilidades que necesitas en tu vida.
Es estar haciendo bien las pequeñas cosas.*

En 2009, al hablar ante los soldados de la Academia Militar de los Estados Unidos en West Point, el autor y ensayista William Deresiewicz expuso sin rodeos:

"Tenemos una crisis de liderazgo en este país. En todas las instituciones... lo que tenemos ahora son... personas que han sido entrenadas para ser increíblemente eficaces en un área específica, pero sin *ningún* interés en saber más allá de su área de especialización. Lo que no tenemos son líderes... gente que sepa pensar por sí misma. Personas que sepan formular una nueva dirección: para el país, para una corporación o una universidad, para el Ejército—con una nueva forma de hacer y ver las cosas. En otras palabras, gente con *visión*[6]".

Un estudio que Gallup realizó recientemente entre 30.000 graduados universitarios a lo largo y ancho de los EE. UU. mostró que el 25% de los graduados universitarios no prospera en su vida, ni en su carrera, porque la universidad no los preparó a nivel emocional, ni experiencial para el mundo real[7]. Estos graduados tenían niveles de compromiso más bajos y menos bienestar en su lugar de trabajo, lo cual los conducía a generar menor productividad, más absentismo y mayores costos en el área de los seguros de salud por parte de las empresas, entre otros resultados negativos.

En otro estudio similar, Gallup descubrió que las empresas estadounidenses pierden entre $450 billones y $550 billones de dólares al año, porque el 70% de su fuerza laboral no está comprometido, ni trabaja según el 100% de su potencial[8].

En su encuesta Global Human Capital Trends, de 2014, Deloitte encontró que el liderazgo sigue siendo la principal preocupación en lo referente a capital humano —y el que presenta la mayor "falta de preparación" a lo largo de la encuesta[9]—. También mostró una profunda necesidad de desarrollar más rápidamente nuevos líderes y de globalizar los programas de liderazgo. El 86% de los encuestados citó el tema del liderazgo como "urgente" o "importante". El informe declaró que el liderazgo del Siglo XXI es diferente y que la escasez de líderes es uno de los mayores impedimentos para el crecimiento a todo nivel.

La encuesta también observó que las empresas enfrentan desafíos para desarrollar millennials y múltiples generaciones de líderes que cumplan con la creciente demanda de líderes con claridad y flexibilidad a nivel global. Además, señaló desafíos adicionales en cuanto a la identificación de líderes que tengan la habilidad de innovar e inspirar a otros a desempeñarse, y que estén capacitados para manejar las siempre cambiantes tecnologías, así como nuevos campos y crecientes disciplinas.

La necesidad de liderazgo nunca desaparecerá. Su importancia tampoco desaparecerá, porque el liderazgo es el latido del corazón de cualquier empresa u organización. Toda empresa fuerte tiene un líder fuerte y un equipo de liderazgo al timón. Todas. Y cada una busca desarrollar un liderazgo nuevo y sólido, hombres y mujeres capaces de liderarla en su próxima generación. Las empresas buscan líderes con visión y previsión, que tengan las complejas habilidades de liderazgo necesarias para llevarlas al siguiente nivel, para maniobrar con éxito en el mercado y generar crecimiento y estabilidad.

El mundo pide líderes y no hay ninguna razón por la que tú no puedas contestar a ese llamado.

Pero para responder lo mejor posible, debes estar muy bien capacitado para ofrecer claridad en cuento a tu identidad. Esa es una de las razones por las que las empresas afirman que el liderazgo se encuentra en un estado crítico —mucha gente se concentra en intentar desarrollar habilidades de liderazgo, pero sin saber cómo combinarlas con una profunda y sólida comprensión de su identidad.

El mundo pide líderes y no hay ninguna razón por la que tú no puedas contesta a ese llamado.

Cuando a tu imagen de liderazgo le agregas una comprensión completa y segura de tu identidad, no hay duda de que te destacas como un verdadero líder que tiene mucho que ofrecer. Es este matrimonio entre identidad y liderazgo el que te establece como un verdadero líder del Siglo XXI.

¿Y por qué ese aspecto de la identidad es tan poderoso y necesario? Porque cuando no sabemos quiénes somos, ni cuáles son nuestras capacidades, por defecto, permitimos que otros nos etiqueten. Esas etiquetas nos encajan y nos limitan. Y esas limitaciones significan que nunca llegaremos a desarrollar todo nuestro potencial, incluso como líderes.

En lo que sigue de este capítulo, te presentaré un puñado de líderes ejemplares en el mundo de los negocios y a deportistas que personifican lo que significa ser un líder con identidad.

"El secreto del liderazgo es simple: haz aquello en lo cual crees. Hazte una imagen del futuro. Ve allí. La gente te seguirá".

—SETH GODIN

Tom Brady: Haciendo que cada momento cuente

Tom Brady ha logrado hacer carrera en el Salón de la Fama de la Liga Nacional de Fútbol y está en el centro de la discusión sobre quién es el mejor mariscal de campo de todos los tiempos. Y a sus 40 años de edad, todavía tiene mucho para dar en la temporada 2018, su decimoctavo año como mariscal de campo titular del New Patriots de Inglaterra.

Brady ha ganado seis Súper Tazones —es el único jugador que lo ha logrado— y ha participado 13 veces en el Pro Bowl, el juego de las estrellas del fútbol. Fue el jugador más valioso de la NFL en tres ocasiones y cuatro veces el jugador más valioso del Super Bowl—más que cualquier otro jugador—. Durante sus primeros 18 años como abridor, los Patriots ganaron 15 títulos de la división, la mayor cantidad para cualquier mariscal de campo en la Historia. Actualmente, Brady ocupa el cuarto lugar en yardas aéreas, el tercero en pases de touchdown y el cuarto en índice de pases de carrera. Brady tiene una gran cantidad de otros récords, tanto en la temporada regular como en el Súper Tazón, que son demasiado difíciles de conseguir. Baste decir que durante casi dos décadas se ha destacado en los niveles más altos en un deporte muy desafiante. Y que su nivel de excelencia no ha disminuido con su edad, ya que es el jugador de mayor edad en ser el jugador más valioso del Súper Tazón, a los 39 años de edad, y el mayor en ganar en una temporada regular, también como el jugador más valioso, cuando tenía 40 años.

Permíteme contarte una pequeña historia que te dará una idea de cómo Tom Brady llegó a donde está. Cuando él era estudiante de primer año en University of Michigan, fue el séptimo en la tabla de profundidad de mariscal de campo, pues en las prácticas estaba recibiendo solo dos repeticiones —oportunidades de practicar— de cada 50. Así las cosas, el sicólogo del equipo le dijo algo simple y profundo: "Deja de concentrarte en la cantidad de repeticiones que estás recibiendo y comienza a concentrarte en hacer las mejores que puedas.

Brady adoptó esa mentalidad —hacer que cada repetición contara— y al hacerlo así, empezó a destacarse. En sus prácticas recibía más y más repeticiones y fue así como escaló en la tabla de profundidad hasta llegar a ser el # 1.

Eso es parte de su éxito: tener determinación, motivación y concentración. Pero ha logrado mucho más en la NFL.

Brady recibe muchos elogios, y con razón. Sin embargo, él es el primero en admitir que el fútbol es un deporte de equipo y que por esa razón siempre está muy interesado en conectarse con sus compañeros y en motivarlos en el desarrollo de sus propias habilidades. Algunos son casi 20 años más jóvenes que él, pero él hace un esfuerzo consciente para conectarse con ellos y sabe que lo que motiva a un tipo de compañero de equipo no motivar a otro. Él trata a cada uno como individuo, aunque les comunica un mensaje coherente a todos y les brinda confianza y profesionalismo dentro y fuera del campo. Él es modelo perfecto a seguir como jugador y es un gran líder.

Tom Brady lo ha hecho todo en el campo. Nadie en la Historia de este deporte ha logrado tanto como mariscal de campo de los New Patriots de Inglaterra. La ética de trabajo que lo llevó de ser el #7 hasta la tabla de profundidad de Michigan como el #1 lo ha llevado a la cima del mundo del fútbol y todavía sigue esforzándose por mejorar, aprender y motivar a quienes lo rodean.

Sheryl Sandberg: Motivando a otros

Sheryl Sandberg es una líder excepcional, una de las mejores y más brillantes de los Estados Unidos. En 2018, ocupó el puesto #6 entre las 50 mujeres más poderosas en la lista de empresas de *Fortune*. En ese mismo año, también figuró en la lista de *Forbes* en el puesto #11 entre las 100 mujeres más poderosas del mundo. Ese tipo de ranking ha sido un lugar común para ella durante la última década, ya que ha demostrado sus habilidades de liderazgo una y otra vez —como Jefe de Personal del Secretario del Tesoro de Estados Unidos, Lawrence Summers; como Vicepresidente de Operaciones y Ventas Globales en Línea de Google (donde también lanzó un red filantrópica de Google, Google.org); con Facebook, ella fue la primera mujer en la junta directiva de la empresa y se desempeña como Directora de Operaciones. Sandberg sirve en muchas juntas directivas, incluidas las de Facebook, The Walt Disney Company, Women for Women International y en Center for Global Development. También es fundadora de Leanin.org, una organización sin fines de lucro que inspira a las mujeres y las apoya en sus esfuerzos por alcanzar sus metas.

Un aspecto que se destaca en el liderazgo de Sandberg es su capacidad para relacionarse e interactuar con los empleados. Muchos ejecutivos a su nivel no se toman el tiempo para hablar con los trabajadores, pero ella sí lo hace. Y no es que ella les hable *a* ellos, sino que habla *con* ellos y les escucha sus opiniones. Les hace preguntas y les presta atención a sus respuestas. Y al hacer esas preguntas, da inicio a discusiones y debates productivos que conducen a avances para la empresa. Pero esos avances no sucederían si ella no se tomara el tiempo para hablar con sus empleados y animarlos en sus ideas.

Otra de las excelentes cualidades de liderazgo de Sandberg es su capacidad para ser vulnerable y honesta. En 2015, cuando su esposo murió repentinamente, su extensa nota en las redes sociales acerca de sus sentimientos provocó que 74.000 personas le respondieran. Lo mismo sucede en una sala de juntas, en un comedor, en una oficina, en un restaurante o en cualquier sitio. Ser vulnerable y honesto, lejos de ser una señal de debilidad, es señal de tu humanidad, de que tú no tienes miedo de comunicar mensajes profundos y personales, ni de admitir tus fragilidades y errores. Es una muestra de que tienes una autoestima sana y esto te abre las puertas a una mayor capacidad de comunicación y comprensión con y hacia los demás.

Un último ejemplo del liderazgo de Sheryl Sandberg: su Lean In Foundation, que comenzó a empoderar a las mujeres en sus habilidades de liderazgo, tiene más de 33.000 círculos Lean In en 150 países alrededor del mundo. En otras palabras, no solo busca mejorarse a sí misma, sino que también les ayuda a los demás a ser mejores —a tantas personas como le sea posible— para que puedan alcanzar su máximo potencial.

Jeff Bezos: Un hombre que trabaja en su misión

En 1994, cuando Jeff Bezos fundó Amazon, en un momento en que el internet global estaba en su infancia, estableció esta visión empresarial: "Nuestra visión es utilizar esta plataforma para crear la empresa con el mayor número de clientes sobre la Tierra, un lugar donde los clientes pueden encontrar y descubrir cualquier cosa que necesiten y comprar todo lo que quieran online".

La ejecución de esa visión hizo que Amazon se convirtiera en la primera empresa del mundo de $1 trillón de dólares. Bezos ha dirigido el ascenso de Amazon directo a la cima transmitiéndoles esa visión a sus empleados y a las partes involucradas, ayudándoles a todos a captarla y a vivirla, empujando en la misma dirección que él. Bezos, un hombre de ideas brillantes, les da a sus empleados el espacio necesario para innovar, controlar sus propios proyectos, crear ideas triunfadoras y ejecutarlas.

Además, Bezos no le teme al fracaso. Cualquiera pensaría que el hombre más rico del mundo, a cargo de la empresa más rica del mundo, no sabe lo que significa fracasar. Sin embargo, Bezos ha invertido en muchas empresas que nunca se concretaron. Un hombre de gran visión no le tiene miedo a correr riesgos, explorar y traspasar límites. A veces, esos esfuerzos no le reportaron mucho en términos de ganancia financiera. De hecho, a menudo, resultaron siendo pérdidas económicas. Pero él aprendió de esos fracasos y nunca dejó de seguir adelante con su visión.

Bezos tampoco le teme al fracaso. Cualquiera pensaría que el hombre más rico del mundo, a cargo de la empresa más rica del mundo, no sabe lo que significa fracasar. Sin embargo, Bezos ha invertido en muchas empresas que nunca se concretaron.

Otro rasgo de gran liderazgo que exhibe Bezos es su habilidad para contratar a los mejores empleados. Él busca personas ingeniosas, innovadoras y líderes calificados por derecho propio. Su política de la promoción desde adentro también actúa como un gran incentivo para sus empleados.

Bajo su liderazgo, Amazon nunca se volverá obsoleto, porque él no lo permitirá. Él siempre está utilizando las últimas tecnologías para su beneficio y anima a sus empleados a pensar fuera de la caja con respecto a su uso. Así fue como nació el método de hacer pagos con solo dar un clic —con un grupo de empleados que desarrolló una forma de hacer un pago que ya era rápido, pero ellos experimentaron hasta volverlo aún más rápido.

Jeff Bezos se enfoca en maximizar recursos, eliminar el desperdicio y optimizar el tiempo. Por ejemplo, odia perder tiempo en reuniones, así que, en lugar de hacer muchas, anima a sus gerentes a enviarle notas que se puedan digerir de manera rápida y eficiente, cubriendo los temas que se habrían cubierto en reuniones.

Warren Buffett: No teme ir en contra de la sabiduría convencional

Warren Buffett, Director Ejecutivo de Berkshire Hathaway, se convirtió a sí mismo en multimillonario y ha motivado a más de 160 multimillonarios a regalar, por lo menos, la mitad de su riqueza para causas filantrópicas. Buffett personifica el equilibrio entre optimismo y realismo cuando les envía sus cartas anuales a los accionistas y tiene la capacidad de inspirar confianza incluso en tiempos difíciles, como durante la Gran Recesión, cuando las inversiones se desmoronaban. Por encima de todo, Buffett es un hombre honesto y por esa razón no tiene miedo de admitir que ha habido ocasiones en que el desempeño de Berkshire ha sido pobre. Como resultado de su honestidad, la gente confía en él y está dispuesta a seguir sus consejos. Su honestidad e integridad inspiran esa confianza.

Su actitud positiva también es parte de su liderazgo. Por naturaleza, las personas se sienten atraídas por líderes que tienen una perspectiva positiva de la vida y están más dispuestas a escucharlos y a seguirlos, dado que esa perspectiva les da esperanza y las hace participar con mayor facilidad que con líderes que proyectan pesimismo.

Buffett tiene otras cualidades de liderazgo que también hacen que él se destaque.

Por un lado, no tiene miedo de ir en contra de la sabiduría convencional. Buffet ha realizado numerosas inversiones en las cuales el momento o la empresa en la que él estaba invirtiendo parecían invitar al desastre. La mayoría de los gerentes financieros se habría mantenido alejados de tales inversiones, pero muchas de esas inversiones "imprudentes" se convirtieron en acuerdos extremadamente lucrativos para él. La clave estuvo en que él no se dejó influir por la opinión popular, sino que él mismo sopesó con cuidado sus decisiones y siguió adelante a pesar de lo que la sabiduría convencional habría querido que él hiciera.

La humildad es otra característica sólida de su liderazgo. Buffett es una persona afable y con los pies bien puestos sobre la tierra. A fines de la década de 1990, cuando se enfadó por no haber invertido en el sector tecnológico, comentó que lo que ocurrió fue que él "no invirtió en empresas que no entendía". Él es de esas raras figuras públicas que admiten su falta de conocimiento en áreas donde la gente asume que ellas lo tienen. Buffett ha dicho en varias ocasiones que algunos de sus gerentes son mejores que él para dirigir Berkshire Hathaway y ha admitido errores como el de no haber vendido las acciones de Tesco a tiempo y se considera responsable por el declive de NetJets, su empresa de alquiler de aviones.

Buffett tiene un estilo de liderazgo que les permite a sus gerentes tomar sus propias decisiones y administrar sus negocios. Y además, no es escaso cuando se trata de elogios. Por lo general, en su informe anual a los inversores incluye los nombres de muchas personas que hacen parte de su equipo, reconociéndoles su arduo trabajo y sus logros.

Gracias a su liderazgo, Berkshire Hathaway ha llegado a convertirse en la undécima empresa más grande del mundo, ganando más de $200 billones de dólares al año. En cuanto a sus propios ingresos, Buffett es la tercera persona más rica del mundo y se ha comprometido a donar a causas filantrópicas el 99% de su fortuna.

"Los líderes caminan por una delgada
línea entre fortaleza y humildad".
—STANLEY MCCRRYSTAL

John W. Rogers Jr.: El insuperable líder de equipo

John W. Rogers Jr. sabe mucho sobre trabajo en equipo. Él era el capitán del equipo de baloncesto masculino de Princeton, entre 1979 y 1980, el cual fue co-campeón de Ivy League. Jugó con el legendario entrenador Pete Carril, quien predicó sobre la importancia de los equipos.

"La primera lección fue sobre trabajo en equipo y acerca de la preocupación por los compañeros de equipo antes que todo", comenta Rogers. "Insistió e insistió tanto en esto que, finalmente, esa premisa se convirtió en una forma bastante liberadora y divertida de jugar. Hubo una especie de transformación. Él ya no tenía que insistir en esa idea, pues el equipo la acogió y la puso en práctica al 100%. De ese modo, no estás pensando en quién anotó los puntos, ni en quién obtuvo o no crédito; más bien, estás pensando en cómo ayudarles a tus compañeros a triunfar en la cancha[10]".

Rogers se ha enfocado en generar un entorno similar en Ariel Investments, la compañía que fundó en 1983, con un capital de $10.000 dólares. La empresa ahora gestiona más de $11 billones y desde sus inicios les ha dado a los inversores un rendimiento neto anualizado de 10,71%.

"Siempre estoy asegurándome de haber creado un entorno que anime a los miembros del equipo a decir lo que en realidad piensan, a poner sus ideas sobre la mesa y darles la oportunidad de entrar en discusión acerca de ellas, asegurándome de que no las retengan dentro sí y prefirieran irse a casa y hablar con su familia sobre lo que tienen entre ceja y ceja", manifiesta. "Eso es algo en lo que trabajo constantemente; ¿Cómo hacer para lograr crear un buen ambiente? ¿Cómo debo formular las preguntas correctas? ¿Cómo moverme y asegurarme de que la gente me diga lo que realmente piensa? Se requiere de paciencia, pero eso es lo que hay que hacer".

El enfoque y la sabiduría de inversión de Rogers —el lema de Ariel, que es: "Andando lento y con constancia se gana la carrera"— ha guiado el éxito de la empresa y lo califica como uno de los principales administradores de dinero en el país. Así que resulta insuficiente decir que él ha tenido éxito como empresario y líder de la empresa.

Pero su influencia no se detiene con su éxito empresarial. Rogers desempeñó un papel importante en la recaudación de fondos para Barack Obama antes de la elecciones presidenciales de 2008 y fue líder del comité de inauguración de 2009. Además, ha formado parte de numerosas juntas directivas de diversas corporaciones y de organizaciones cívicas, educativas y artísticas, incluidas la Orquesta Sinfónica de Chicago, Rainbow/PUSH Coalition, y Oprah Winfrey Fundation.

Como muchos líderes, Rogers está muy interesado en gratificar, en abrirles oportunidades a personas que de otro modo no las tendrían y que él quiere brindarles. Por ejemplo, invierte cantidades de tiempo, dinero y energía para mejorar la educación financiera entre las minorías de los jóvenes de los suburbios de la ciudad. En 1996, fundó Ariel Community Academy, en Chicago. La academia es una escuela pública que se enfoca en educación financiera, en enseñarles a los estudiantes los fundamentos de las finanzas y la inversión. Durante mucho tiempo, Rogers ha sido líder en la educación juvenil de Chicago, donde él nació y creció.

No es sorprendente que, en 2008, Rogers se convirtiera en el primer afroamericano ganador del Woodrow Wilson Award de Princeton, por su servicio a la comunidad de ex alumnos de Princeton, a la comunidad de Chicago, a la comunidad afroamericana y a la comunidad financiera.

Mary Barra: Una constructora de equipos inclusivos

Cuando Mary Barra asumió el cargo de CEO de General Motors, en 2014, de inmediato, enfrentó una crisis relacionada con el mal funcionamiento del interruptor de encendido en uno de los vehículos más antiguos de GM. Dicho mal funcionamiento dio lugar a 124 muertos y 275 heridos. Ese año, GM terminó retirando más de 30 millones de vehículos. Años después, Barra afirmó que aquella experiencia cambió su estilo de liderazgo. Aprendió a ser más insistente al abordar los problemas a fondo y rápidamente. Al hacerlo, transformó la cultura empresarial de GM, que se había convertido en una en la que no se expresaban muchas preocupaciones, y si se expresaban, a menudo, no llegaban muy lejos. Ella renovó los procesos de administración, creando una cultura más transparente y recuperando poco a poco la confianza de los consumidores.

Bajo su liderazgo, incluso en medio de ese escándalo, GM rompió sus récords en ventas en 2014. Desde entonces, Barra ha llevado a GM al campo tecnológico, incluida la posibilidad de fabricar automóviles sin conductor, con importantes adquisiciones como Strobe, una startup centrada en la tecnología sin conductor. También llevó a GM a desarrollar el Chevy Bolt EV, en 2017, superando a Tesla en el desarrollo del primer automóvil eléctrico con un precio inferior a $40.000 dólares, con un rango de 200 millas.

Barra es la primera Directora Ejecutiva femenina de un importante fabricante de automóviles de fama mundial. Ha hecho toda su carrera en GM, comenzando a los 18 años, siendo estudiante, revisando paneles de guardabarros e inspeccionando capós, esto con el fin de pagar su matrícula universitaria.

Barra tiene un enfoque sensato del liderazgo. Cuando era Jefa de Recursos Humanos de GM, en 2009, editó 10 páginas del manual de la empresa, referentes al código de vestuario, resumiéndolas en dos palabras: "Vístase apropiadamente". En vez de dictarles lo que era apropiado, empoderaba a los gerentes para que lo hicieran.

Barra tiene un enfoque sensato del liderazgo. Cuando era Jefa de Recursos Humanos de GM, en 2009, editó 10 páginas del manual de la empresa, referentes al código de vestuario, resumiéndolas en dos palabras: "Vístase apropiadamente". En vez de dictarles lo que era apropiado, empoderaba a los gerentes para que lo hicieran.

Pero quizá su atributo definitorio como líder es su capacidad de inclusión. Ella les da a los empleados una voz y busca opiniones diversas sobre los problemas. Además, es una gran oyente y bastante accesible. Después de incorporarse como CEO, consiguió que los departamentos de desarrollo de productos y compras de GM trabajaran juntos, algo que no había estado sucediendo. Barra valora la transparencia, la honestidad, la comunicación y el trabajo en equipo, y ha conformado equipos de trabajo altamente efectivos desde su cargo como CEO.

Durante el evento People Analytics Conference de Wharton School 2018, Barra describió ocho principios de liderazgo que la han llevado al éxito[11], asegurando que ella:

1. Constantemente, les pide comentarios a quienes la rodean.

2. Programa reuniones para discutir problemas, no para compartir información. La información pertinente deberá compartirse antes de la reunión para ser puesta en discusión durante ella.

3. Mantiene sus mensajes simples y claros. Por ejemplo: "Cero choques, cero emisiones". Esto es particularmente importante en las organizaciones más grandes.

4. Logra cambios sostenibles asegurándose de que el beneficio de esos cambios sea mayor que el esfuerzo necesario para lograrlos.

5. Conoce los entresijos de su negocio, lo cual le ayuda a ver cómo las partes se relacionan y conectan entre sí.

6. Apela tanto a los corazones como a las mentes. A las emociones y al intelecto —de su equipo.

7. Alinea sus decisiones con sus valores.

8. Lidera haciendo, no diciendo. Su comportamiento contribuye a determinar la cultura de GM.

Al observar su éxito y los principios por los que ella se rige, no es difícil ver por qué Mary Barra suele ser clasificada por *Forbes* como una de las mujeres más poderosas del mundo y, en los últimos años, también ha sido clasificada entre la lista de las mujeres más poderosas, como la segunda y luego como la primera, según *Fortune*.

Howard Schultz: Su pasión por la gente

Los líderes transformacionales inspiran a otros a desarrollar todo su potencial a medida que trabajan juntos como un equipo en función de lograr objetivos compartidos y también individuales. Howard Schultz, Presidente emérito de Starbucks, encarna al modelo del líder que ejerce un liderazgo transformacional.

Schultz, quien fue Director Ejecutivo de Starbucks desde 1986 hasta el año 2000, y de 2008 a 2017 (así como su Presidente Ejecutivo de 2017 a 2018), es un líder con una mentalidad entusiasta y positiva que inspira a sus colaboradores a convertirse en jugadores de equipo, a ser solucionadores innovadores y sin miedo a expresar sus opiniones. (De hecho, así fue como surgió Frappuccino —la idea provino de uno de sus empleados). Él invierte su tiempo y energía en sus trabajadores, sabiendo que las personas que se sienten motivadas, y a las que se les delega responsabilidades, florecen y llevan el negocio a niveles superiores. Schultz también invierte de otras formas en su gente: les provee seguro médico, les brinda la opción de poseer acciones (incluso a los empleados contratados por hora), les da la posibilidad de cambiar de turnos, así como otros beneficios y bonificaciones, tanto financieras como de otro tipo.

Schultz cree firmemente en la diversidad y en el respeto de las diferentes culturas y esto se refleja en la manera de administrar Starbucks, en cómo elige a sus proveedores y en su forma de trabajar con ellos y en cómo Starbucks invierte en el desarrollo económico de las comunidades.

En una ocasión, Schultz le dijo a Oprah Winfrey en su programa de entrevistas que su pasión se basa en construir una empresa que trata a las personas con respeto y dignidad. Esa visión del líder de la empresa marca un tremendo impacto en lo que piensan los empleados sobre su trabajo y en la forma en que ellos tratan a sus clientes.

Schultz hizo crecer Starbucks, llevándola de ser una pequeña empresa de Seattle hasta convertirla en una con más de 23.000 puntos de venta en 72 países. Es innegable que supo aprovechar las oportunidades que se le dieron al igual que las que él creó por y para sí mismo. Por ejemplo, los propietarios originales de Starbucks tardaron un año en contratarlo, y cuando él vio el gran potencial que había en el hecho de expandirse en el negocio del café —al principio, Starbucks solo vendía granos de café tostados—, sus ideas fueron rechazadas. Entonces, renunció a Starbucks, abrió su propia cadena de café bares y, finalmente, decidió regresar y comprar Starbucks, fusionándolo con la cadena que ya él había comenzado.

Eso es tenacidad, visión, disciplina, coraje, pasión y ejemplo de muchos otros rasgos —todos componentes del estilo de liderazgo de Schultz.

Cuando la mayoría de la gente piensa en Starbucks, piensa en café o en productos relacionados con el café. No Howard Schultz. Él piensa en las personas. Ha dicho: "El café es lo que vendemos como producto, pero ese no es el negocio en el que estamos. En el que sí estamos es en el negocio de las personas. Me apasiona la conexión humana".

Kevin Warren: Resiliente y visionario

Kevin Warren pasó enyesado varios meses, después que un auto chocara contra su bicicleta cuando él tenía 12 años. No tenía televisión en su habitación del hospital; estaba solo en su cama, con sus pensamientos[12]. Las semillas de la resiliencia seguramente se habían plantado en él desde antes, pero durante ese tiempo en el hospital, esas semillas brotaron. Kevin desarrolló la determinación, la fortaleza mental y el optimismo que lo llevarían más allá de toda posibilidad, no solo durante esa experiencia, sino a lo largo de una vida llena de logros.

Su médico le advirtió que, una vez le quitaran el yeso, era posible que nunca volviera a caminar. Ante esa posibilidad, Warren le preguntó al médico qué incrementaría su posibilidad de recuperación. El médico le respondió: "La natación". Entonces, Warren les dijo a sus padres que él quería construir una piscina en su patio trasero y que la financiaría con el dinero del acuerdo al que llegó con el conductor que lo atropelló.

El hecho es que nadó tanto que casi le salen escamas. ¿Se recuperó? Bueno, hizo una carrera universitaria de baloncesto en University of Pennsylvania, donde promedió 20 puntos por juego durante su primer año, siendo ese el cuarto promedio individual más alto de la temporada en la Historia de la universidad. Warren, oriundo de Tempe, Arizona, fue transferido a Grand Canyon University, en Phoenix, donde anotó 1.118 puntos en sus últimos tres años y obtuvo los honores de Academic All-America, hecho que lo llevó al Salón de la Fama del Atletismo de la universidad, convirtiéndose en el quinto jugador de baloncesto en recibir ese prestigioso honor.

Todo este recorrido significa que sí se recuperó... y bastante bien.

Pero él no se detuvo después de obtener su licenciatura en Administración de Empresas. Luego, obtuvo un MBA en Arizona State University y un JD de University of Notre Dame. Así que también es abogado licenciado en tres Estados y en el Distrito de Columbia.

Warren ha sido ejecutivo en la Liga Nacional de Fútbol desde 1997. Primero, con los St. Louis Rams; luego, con los Detroit Lions; y desde 2005, con los Minnesota Vikings. En 2015, se convirtió en Jefe Oficial de Operaciones (COO) de los Vikings; él es el afroamericano de más alto rango ejecutivo que trabaja en el área comercial de un equipo de NFL y el primer COO de raza negra de toda la liga. En 2017, recibió el inaugural Texas Southern Pioneer Award, por romper una barrera de gran importancia para los afro descendientes en NFL.

Sus habilidades de liderazgo han dado lugar a que Warren haya sido invitado a participar en infinidad de comités, juntas y consejos. Bajo su liderazgo, los Vikings han desarrollado iniciativas de liderazgo, implementado plataformas sobre el impacto positivo en la comunidad, lanzado un programa para mujeres y generado una gran experiencia para los fanáticos.

Warren es 100% un líder visionario cuyo impulso, determinación y optimismo no conocen límites. Él ve el potencial en las personas y lo manifiesta, motivándolas a desarrollar sus capacidades al máximo. En cada desafío que encuentra, él ve las posibilidades y oportunidades que podrían resultar del hecho de superarlo. Luego, planea cómo superar ese desafío, tal como lo hizo cuando le quitaron el yeso y se metió en la piscina que se construyó con su propio dinero.

El verdadero líder ve el potencial en las personas y lo manifiesta, motivándolas a desarrollar sus capacidades al máximo.

Warren tiene otro gran atributo como líder: compasión. Él y su esposa, Greta, han donado más de 3.600 morrales a Lucy Craft Laney Community School, en Minneapolis, una escuela que ellos "adoptaron" y que tiene el 98% de estudiantes provenientes de comunidades desatendidas. Además, en 2014, los Warren donaron $1 millón de dólares a un fondo de asistencia para atención de emergencia pediátrica en honor a la hermana de Warren, Carolyn Elaine Warren-Knox, quien murió de cáncer de cerebro el año anterior. Los Warren también comenzaron un programa de becas para la escuela secundaria de personas mayores que serán la primera generación de estudiantes universitarios, otorgándoles $5.000 dólares en becas anuales a 16 estudiantes cada año.

Cuando Warren estaba en la ambulancia, después de su accidente de bicicleta, una enfermera lo ayudó a mantenerse vivo y lo consoló. Tres semanas después, ella lo visitó en el hospital y le dijo: "Sabía que lo lograrías y te deseo que tengas una gran vida".

Kevin Warren siempre ha lamentado que nunca ha podido encontrar a esa enfermera para agradecerle esa voz de aliento que ella le dio. Pero ha tenido una gran vida —y ciertamente, les ha transmitido el mensaje de aliento que recibió de ella a quienes él ha conocido a lo largo del viaje de su vida.

> "Si puedes soñarlo, puedes hacerlo.
> Recuerda siempre que todo esto
> empezó con un sueño y un ratón".
> —WALT DISNEY

Safra Catz: Inspiradora, estratégica y accesible

Safra Catz es una líder inspiradora, organizada, energética y productiva. Es la CEO de Oracle Corporation, una empresa multinacional en el campo de la tecnología informática. Catz ha sido incluida varias veces, tanto por *Forbes* como por *Fortune*, entre las mujeres más poderosas en el campo de los negocios y es además la Directora Ejecutiva femenina mejor pagada de cualquier empresa estadounidense. En 2017, fue elegida miembro de la Junta de Directores de Walt Disney Company y tenida en cuenta por el Presidente Donald Trump para ocupar un cargo en su administración. También es profesora de Contabilidad en Stanford Graduate School of Business. Y desde 2008 hasta 2015, Catz fue directora de HSBC Holdings, una empresa multinacional británica de servicios bancarios y financieros. Ha sido ejecutiva de Oracle desde 1999 y miembro de su Junta Directica desde 2001. Fue nombrada Copresidenta y Directora Financiera en 2011, antes de ser nombrada CEO tres años después.

Catz es conocida como una líder que valora el trabajo en equipo, la colaboración y la estrategia empresarial clara. Constantemente, está comunicándoles su estrategia a los empleados y motivándolos a adoptarla. Además, los empodera al escucharles sus ideas y puntos de vista, los reta y explora con ellos esos puntos de vista, animándolos a tomar decisiones y a ejecutarlas. Catz no tiene miedo de cambiar de opinión, cuando esta está basada en hechos nuevos. Es esta actitud la que anima a los empleados a expresarle sus ideas.

Safra Catz tiene fama de no gustarle ser el centro de atención. Pero todo parece indicar que el centro de atención sí gusta de ella. Es difícil mantenerte al margen cuando eres un líder tan influyente y exitoso como ella.

Bill Gates: Empoderando a otros

Cada líder es mucho más complejo que las descripciones ofrecidas en estos breves perfiles y Bill Gates es un gran ejemplo de ello. Es difícil resumir la esencia de un líder en unos pocos párrafos.

Cada uno tiene sus propias fortalezas y debilidades, y para muchos de ellos, esas fortalezas y debilidades —o aquellos atributos de liderazgo que a veces parecen contrastar y contradecirse entre sí— son expuestas ante el mundo para que la gente las vea.

Por ejemplo, Bill Gates, fundador principal de Microsoft Corporation, con quien solía ser difícil comunicarse, pues era verbalmente combativo en las reuniones, además de autoritario, autocrático y exigente.

Sin embargo, también era visionario y carismático. Él supo inspirar cambios positivos, sabía cuándo apoyar y alentar a las personas en sus ideas, y a pesar de su estilo de liderazgo a veces abrasivo, finalmente, se ganaba la profunda confianza y el respeto de sus gerentes.

A menudo, se le compara con el fallecido Steve Jobs, cofundador de Apple, Inc. Pero mientras que Jobs era un lobo solitario, Gates valoraba las aportaciones de sus empleados. Él creía en la construcción de equipos fuertes y en delegar tareas.

Uno de sus mayores atributos como líder era su habilidad y su coraje para pensar en grande. En 1980, solo unos pocos años después de la fundación de Microsoft, Gates pronunció la visión de la empresa: "Una computadora en cada escritorio, en cada hogar". En el momento, aquello pareció extravagante y absurdo. Pero ahora, cerca del 90% de los hogares en los EE. UU. tiene, por lo menos, una computadora.

Gates tenía otros atributos ejemplares como líder. Él miraba más allá del presente y siempre concibió formas de mejorar lo que ya era bueno. Establecía grandes metas y luego se dirigía metódica e implacablemente hacia ellas. Cuando todavía estaba en su función de liderazgo en Microsoft (se fue en 2014 para centrarse en su trabajo en la Fundación Bill y Melinda Gates), estimulaba la creatividad y el crecimiento en sus empleados. Él ve el aprendizaje como un proceso continuo que dura toda la vida y por esa razón vive en constante aprendizaje y evolución. En una ocasión, manifestó: "Tus clientes más insatisfechos son tu mayor fuente de aprendizaje".

Gates también está comprometido con el hecho de saber retribuir. Su labor filantrópica a través de su fundación y en otros lugares es un modelo al que todos los líderes deberían aspirar. Fundó The Giving Pledge con Warren Buffett en 2009, para alentar a los multimillonarios a comprometer, como mínimo, la mitad de su riqueza a la filantropía.

Su fundación ha donado miles de millones de dólares a causas en todo el mundo. Su vida ha sido mucho más que obtener ganancias. Su principal interés es marcar una diferencia en la vida de las personas mediante los productos que Microsoft ha generado o a través de la entrega de recursos con el fin de ayudar a la gente necesitada.

En resumen, Bill Gates es un maestro en empoderar a otros.

Time lo nombró como una de las 100 personas que más influyeron en el Siglo XX, así como una de las 100 personas más influyentes de 2004, 2005 y 2006 (fue la co-Persona del Año de *Time* en 2005). En 2005, fue nombrado por la Reina Isabel II como Caballero Comandante Honorario de la Orden del British Empire y fue honrado, junto a Melinda Gates, con la Medalla Presidencial de la Libertad, otorgada por el Presidente Obama en 2016, por su trabajo filantrópico. En 2017, él y Melinda fueron galardonados de manera similar con el premio de más alto nivel nacional de Francia, la Legión de Honor, por su gran labor caritativa.

"Un líder es un maestro en empoderar a otros".

—ANÓNIMO

Un mensaje final

Las personas descritas en este capítulo componen una asombrosa variedad de líderes. Ojalá hayas podido echarles un vistazo al carácter, la personalidad y los atributos que los han ayudado a tener tanto éxito. Quiero resaltar algunos puntos sobre estos líderes y sobre el liderazgo en general:

- Los líderes son individuos. Cada líder tiene sus propias fortalezas y debilidades.

- El liderazgo no es una fórmula, ni una receta. Personas con muy diferentes estilos y personalidades pueden ser grandes líderes. No hay ningún estilo de liderazgo que usen todos los líderes.

- Sin embargo, hay algunos atributos que la mayoría de los líderes tienden a compartir. Estos incluyen visión, pasión, motivación, trabajo en equipo, perseverancia, disciplina, optimismo, capacidad de comunicación, honestidad y no tenerle miedo al fracaso.

- Espero que este capítulo te sirva de espejo —uno en el que puedas mirarte y ver tus propios atributos positivos de liderazgo, así como las áreas en las que desearías crecer. El objetivo aquí no es ser el próximo Jeff Bezos o Bill Gates; es ser la mejor versión de ti que puedas ser.

Claves del liderazgo con identidad

- El liderazgo es una necesidad que nunca desaparecerá. El valor del liderazgo nunca se devaluará, porque el liderazgo es el latido del corazón de cualquier empresa u organización. Cada empresa fuerte tiene un líder fuerte y un equipo de liderazgo a la cabeza. Todas. Y todas ellas buscan desarrollar nuevos y fuertes liderazgos, hombres y mujeres capaces de liderar su negocio en la próxima generación.

- Cuando le aportas una comprensión completa y segura de tu identidad a tu imagen de liderazgo, te destacas como un verdadero líder que tiene mucho que ofrecer. Es el matrimonio entre identidad y liderazgo lo que te distingue como verdadero líder del Siglo XXI.

- El objetivo no es que emules a ninguno de los líderes de este capítulo. El objetivo es que te inspires en ellos para ser la mejor versión de ti mismo que puedas ser.

CAPÍTULO 5

Oprah: Una verdadera líder con identidad

*Oprah tiene un fuerte sentido de sí misma,
un impulso y una ambición capaces de empoderar a gente
de todo el mundo. Siempre está dispuesta a defender aquello
en lo que cree. La he visto hacer eso una y otra vez,
cuando ni ella sabía cuál sería el resultado de hacerlo.*

Nadie está mejor calificado para llamarse líder con identidad que Oprah Winfrey. Oprah es la mejor para establecer ese estándar. Ella ascendió a los pináculos del éxito desde el más humilde de los orígenes, desde una vida de pobreza y racismo en el Sur profundo de los Estados Unidos, porque ella siempre supo quién era. Siempre creyó en sí misma y siempre se mantuvo enfocada en sus metas, en su desarrollo como persona, como líder y luego como modelo a seguir por gente de todo el mundo.

Piensa en esto: nació de una madre adolescente soltera. Es decir que no tenía un papá en casa. Durante sus primeros seis años de vida, no vivió con su progenitora, sino con su abuela materna, quien con frecuencia se vio obligada a vestirla con vestidos hechos de los costales de papa, pues eran muy pobres. A partir de los nueve años de edad, Oprah fue abusada sexualmente por varias personas. A los 13, se escapó de casa. A los 14, dio a luz a un bebé prematuro que murió poco después del nacimiento.

Como verás, estos no son los mejores pilares del éxito. Dado ese trasfondo, una persona promedio no se convertiría en la mujer, la líder y la filántropa en que ella se convirtió. Si Hollywood escribiera una historia como la suya, sería rechazada por parecer extravagante y poco realista.

"La habilidad para triunfar comienza contigo"

Entonces, ¿cómo hizo Oprah para superar todas esas adversidades? ¿Cómo llegó a donde está hoy? Como ella dice: "No importa quién eres, ni de dónde vienes. *La habilidad para triunfar comienza contigo. Siempre*".

Ahí tienes el eje del liderazgo con identidad: la habilidad para triunfar comienza contigo. Siempre.

Oprah nació en Mississippi, se mudó a Milwaukee y Wisconsin. A los seis años de edad, se fue a Nashville; dos años después, a Tennessee. Con el tiempo, regresó a Milwaukee cuando era adolescente, donde solían ridiculizarla por su pobreza, así que decidió regresar a Nashville. Fue tantas veces de un lugar a otro que es asombroso que no la latigaron.

Sin embargo, la idea de que la habilidad para triunfar comienza contigo se arraigó en ella a muy edad temprana. Y no solo echó raíces, sino que empezó a florecer a pesar de sus circunstancias. Cuando tenía 19 años, siendo estudiante de segundo año de universidad, se convirtió en la presentadora afroamericana más joven y en la primera de WTVF-TV, en Nashville. Allí, comenzó su escalada en los medios como presentadora de *A.M. Chicago*, que se transmitía en el mismo horario que el programa de Phil Donahue. Al año siguiente, en 1985, el programa pasó a llamarse *The Oprah Winfrey Show* y duró 25 años y emitió 4.561 episodios durante los cuales entrevistó a 30.000 invitados. Fue transmitido en 145 países. El programa recibió 20 millones de cartas a lo largo de esos años.

Aquella fue una carrera increíble de una mujer increíble.

Y ese es solo un vistazo de sus logros y de quien ella es.

Oprah es actriz. Fue nominada a un Oscar por su papel en *The Color Purple*. Ha actuado, propuesto, producido y dirigió numerosas películas y espectáculos. Es coautora de cinco libros. Creó Oprah.com, página que alcanza más de 70 millones de visitas y más de 6 millones de usuarios al mes. También publica revistas. En 2018, firmó un contrato de varios años con Apple para producir programación original.

Oprah ha encabezado las listas de CNN y *Time* como la mujer más poderosa del mundo, aparte de que ha sido elegida por otros cuantos medios como la mujer más influyente en el mundo. Además, *Time* la ubicó en su lista de las 100 personas que más influyeron en el Siglo XX y 10 veces en su lista de las "personas más influyentes", convirtiéndola en la única persona que ha sido nominada tantas veces en esa categoría.

Retribuyendo y dándoles oportunidades a otros

Oprah tiene bastantes características y rasgos propios de lo que es un líder con identidad. Uno de ellos es su disposición y deseo de retribuirle a la gente. Su manera de pensar la convirtió en la primera persona de raza negra en figurar entre los 50 estadounidenses más generosos de la nación. Ha donado cientos de millones de dólares a causas relacionadas con la educación. Cuando el huracán Katrina destruyó miles de viviendas en el sur de los Estados Unidos, ella donó $10 millones de dólares para contribuir a la reconstrucción de viviendas. En 2007, abrió Oprah Winfrey Leadership Academy for Girls, un internado en Sudáfrica para niñas entre octavo y doceavo grados y, desde entonces, les está ayudando a hacer exactamente lo que ella hizo: triunfar por encima de la adversidad. Estas chicas vienen de barrios marginales y pertenecen al mismo nivel de pobreza al que ella perteneció. Su academia es un faro de esperanza para estas chicas. Oprah les está enseñando que ellas son personas capaces, que pueden superar sus circunstancias, que tienen lo que se necesita para construir una buena vida siempre y cuando la basen en su propia identidad y en sus propias habilidades y aspiraciones. Y eso es lo que hacen los líderes con identidad: avivar el fuego de quienes los rodean y de aquellos que se encuentran en bajas condiciones, les infunden confianza y esperanza y los animan a expandir su visión y sus metas.

Su objetivo con la academia es simple: crear un espacio seguro para educar, fortalecer, empoderar e inspirar a la próxima generación de líderes de Sudáfrica y del mundo. Los líderes con identidad tienen grandes visiones y estas no solo los impactan a ellos; también impactan a cientos, miles, tal vez hasta a millones de personas. La esencia misma de liderar implica ayudar a los demás, fortalecerlos, inspirarlos. Nadie cumple esas funciones como Oprah las cumple.

Obviamente, Oprah ha impactado a millones de personas alrededor del mundo. También a mí. Hemos sostenido una relación desde mediados de la década de 1980 y soy una mejor persona gracias a nuestra relación. Cuando tienes una relación con una mujer que suele ser reconocida como, posiblemente, la figura femenina más influyente y poderosa del mundo, te enfrentas a mucho escrutinio y desafíos.

Sé que soy una mejor persona, porque he tenido que hacer el trabajo para definirme a mí mismo, para ser quien soy, en lugar de ser definido por quien es ella. A veces, la gente me reconoce por ella y eso me motiva a trabajar más en mí mismo para no ser definido por nuestra relación. Como he dicho, no es cómo te define el mundo; es cómo tú te defines a ti mismo. Tú tienes que descubrir cómo ser tú mismo. Eso es lo que Oprah ha hecho. A pesar de sus difíciles circunstancias desde el comienzo de su vida hasta la escuela secundaria, ella no solo descubrió quién ella era, sino que encontró una manera de mantener su identidad frente a obstáculos tremendos. Ella entendió quién era y como ser quien era.

"El liderazgo no es una cuestión de títulos, cargos o diagramas de flujo. Es cuestión de una vida influyendo en otra".
—JOHN C. MAXWELL

Claves de tu éxito como líder con identidad

Mucha gente define su éxito por la cantidad de dinero que gana. Como es obvio, Oprah gana mucho dinero, pero esa no es la clave de quién ella es, ni de lo que se trata su éxito. Ese dinero es el resultado de su capacidad para posicionarse y utilizar sus talentos al 100%.

La gente me pregunta cuál es la clave de su éxito. Bueno, hay muchas. La esencia de todo lo que ella ha logrado está en la comprensión que tiene acerca de su identidad. Oprah se enfoca en su propósito, haciendo las cosas relevantes y que corresponden a quién ella es. Centra su vida y su estilo de vida en torno a su esencia. Se enfoca en todo lo que sabe, en lo que le apasiona, en lo que ama. No pretende saberlo todo, ni le importa saberlo todo. Simplemente, es una experta en su campo y opera en sus fortalezas y persigue sus pasiones, las cuales se basan en su identidad.

Estas son las que yo diría que son algunas de las claves de su éxito como líder con identidad, como empresaria, como filántropa, como persona. Oprah:

1. **Trabaja duro.** Sabe que no podemos lograr nuestro máximo potencial sin trabajo duro.

2. **Es energética.** Se lanza a hacer su trabajo dando todo de sí. Hace mucho, sobrepasó el punto en el que quizá podría

haber renunciado a hacerlo, pero no lo hará... porque esa no es su naturaleza.

3. **Cree en la responsabilidad personal y la asume.** Ella cree que debemos ser responsables de nuestras acciones.

4. **Le encanta aprender.** Es una aprendiz incansable.

5. **No tiene miedo de correr riesgos.** Sabe enfrentarse a los retos que se le presentan.

6. **No le teme al fracaso.** Ha tenido muchos fracasos en su vida. Sin embargo, su actitud es aprender de ellos y seguir adelante. Oprah afirma: "No existe el fracaso en mi vida. Yo no creo en él. No les tengo miedo ni al fracaso, ni al éxito. Yo solo hago lo que yo sé hacer y sé que eso me mantendrá en el mejor lugar".

7. **Mantiene un equilibrio entre su vida personal y profesional.** Oprah maneja muy bien el estrés en ambas áreas de su vida.

8. **Es honesta y transparente.** Como ella dice: "No sabrás la verdad hasta que estés dispuesto a conocerte a ti mismo —y viceversa—. Conocerte a ti mismo es un proceso que dura toda la vida y que te deja grandes lecciones que a menudo surgen de tus mayores errores".

9. **Es decidida.** Reúne los hechos y la información que necesita y avanza con decisión, basada en sus instintos.

10. **Aporta valor.** Sus negocios, espectáculos y empresas están todos enfocados en retribuirles a sus clientes o estudiantes o audiencias —y no solo en recibir.

11. **Se ama a sí misma.** Desde hace mucho tiempo, Oprah ha valorado el amor que siente tanto hacia sí misma como hacia los demás. "Te llena", afirma. "Repara los rincones

andrajosos y rotos que hay en tu espíritu. Te hace sentir completo".

12. **Disfruta del viaje.** Esto suele ser más fácil decirlo que hacerlo en el caso de alguien con su horario, pero Oprah se toma el tiempo para disfrutar de sus éxitos y fracasos a lo largo del camino, así como del viaje diario. Si ella no hubiera podido vivir de esa manera, ya se habría quemado desde haría mucho tiempo.

> "No puedes quedarte sentado y esperar
> a que la gente te haga realidad tu sueño dorado.
> Tú mismo tienes que salir y hacer que suceda".
> —DIANA ROSS

El líder con identidad prototípica

Como líder con identidad, Oprah es muy consciente del valor del proceso. "La totalidad del camino hacia el éxito no es tan difícil como algunos tienden a creer", comenta. "El objetivo era el proceso en sí. Me he alegrado mucho en él". Ese proceso, según ella, es una serie diaria de bloques de construcción. "Lo que construiste ayer debe estar vinculado a lo que construyas hoy y mañana".

Oprah Winfrey nació para ser líder. Tiene el más fuerte sentido de identidad que yo haya visto y sabe que el papel que esta ha jugado en su liderazgo ha transformado y le ha aportado valor a millones de vidas. Así que se mantiene fiel a sus valores y dice lo que piensa con gracia y compostura. Además, está bien preparada, es inteligente y dinámica. Sabe adaptarse sobre la marcha y permanecer concentrada en el objetivo final sin importar las distracciones, ni las obstrucciones que surjan en su camino. Por todas estas y por muchas otras razones, Oprah es una líder con identidad prototípica.

Claves del liderazgo con identidad

- Tener éxito es una semilla que está dentro de ti y que te lleva a ser un líder con identidad. Como dice Oprah: "No importa quién eres, ni de dónde vienes. Tu habilidad para triunfar comienza contigo. Siempre".

- Los líderes con identidad saben, primero, cómo liderarse a sí mismos, y luego, cómo liderar a otros —cómo infundirles confianza y esperanza, cómo ayudarles a ampliar su visión y sus metas.

- Los líderes con identidad tienen un sentido innato y claro de quiénes son y encuentran la forma de mantener su identidad frente a obstáculos que parecen insalvables. Las circunstancias a su alrededor pueden cambiar, pero en su esencia, los líderes con identidad no cambian y siguen siendo quiénes son.

- Los líderes con identidad le dan forma a su vida en torno a la esencia de su identidad, centrándose en lo que les apasiona, en lo que aman y en cualquiera que sea su propósito.

CAPÍTULO 6

Cómo lideran los líderes con identidad

Los líderes trabajan para mejorarse a sí mismos.
Tienen la capacidad de hacer que la gente crea en su visión,
porque ellos mismos creen en ella y porque son líderes dinámicos.

Nelson Mandela fue el epítome de un líder con identidad. Los 26 años que pasó en prisión no alteraron quién él era y, debido a eso, terminó cambiando el curso de la Historia en Sudáfrica. Pasó de prisionero infamado a admirado presidente. Se convirtió en un líder mundial, porque nunca perdió de vista quién era, ni abandonó sus ideales, ni su propósito, ni jamás se inmutó ante las décadas de largas luchas. Nelson Mandela era un hombre que se conocía a sí mismo por dentro y por fuera y, de todos los destacados líderes con identidad que he tenido el placer de conocer y tratar, él se destaca cabeza y hombros por encima del resto. Poseía muchas de las características que se necesitan para ser un gran líder con identidad.

El mundo necesita líderes con identidad

Cuando miras las redes sociales, cuando escaneas las noticias, cuando ves y escuchas los programas de entrevistas en la televisión y en la radio, es fácil pensar que el mundo no está poblado de personas, sino de leminos. La gente es arrastrada constantemente hacia las realidades de otras personas, a menudo, sin pensarlo, repitiendo los puntos de vista y opiniones de los demás o, simplemente, siguiendo las tendencias y modas del día.

Ahora más que nunca, el mundo necesita líderes. Es de líderes de sí mismos que el mundo obtiene sus ideas innovadoras y soluciones creativas. Este tipo de líderes no se deja influir por la opinión pública, ni por la opinión, ni por las realidades de otras personas; ellos son firmes en sus propias opiniones y viven vidas auténticas, enfocados en sus propias realidades.

Los líderes de sí mismos lideran desde quiénes son, pues esa es la única forma de liderar realmente. Y ese estilo de liderazgo los lleva a destacarse entre una multitud de líderes.

"El verdadero liderazgo lo ejercen los líderes que reconocen que es necesario servirle a la gente que ellos lideran".
—Pete Hoekstra

Adentrándote en tu función de líder con identidad

Los líderes surgen —lo que significa que no siempre fueron líderes, pero hicieron la transición necesaria para desempeñarse en ese papel—. Depende de varios factores qué tan irregular o fácil sea esa transición. Aquí, quiero mencionar cuatro puntos:

1. *Ten en cuenta que cualquier ascenso a una posición superior con más responsabilidad y liderazgo irá acompañado de más estrés, al menos, al principio.* Maneja ese estrés de forma saludable —mediante ejercicio, nutrición, sueño y un equilibrio adecuado en la vida— y busca la sabiduría de

mentores y de otros líderes que sepan asesorarte y ofrecerte apoyo y orientación.

2. *Si bien es probable que tengas buenas habilidades de comunicación, siendo tú alguien que ocupa una posición de liderazgo, invierte energía en mejorar aquellas relacionadas con tus interacciones como nuevo líder.* Escucha a otros líderes y a tus subalternos, comparte tiempo con ellos, exprésales tus ideas de forma abierta y clara, acepta las de ellos, ofréceles tu apoyo cuando sea necesario y búscalo cuando lo necesites.

3. *Date tiempo para asumir tu nuevo rol.* Estás desempeñando un rol de liderazgo, porque tienes lo que se necesita para liderar, pero recuerda que los líderes están desarrollando continuamente sus habilidades, en particular, sus habilidades blandas o relacionadas con la inteligencia emocional. Los líderes exitosos son aquellos que invierten en sí mismos, pues saben que tienen que liderarse a sí mismos primero.

4. *Observa que los líderes con identidad impactan al mundo dondequiera que estén.* Eso significa que tú debes ser la misma persona, con la misma identidad y las mismas habilidades de liderazgo bien sea que te encuentres en tu lugar de trabajo, en tu hogar, en tu vecindario, en tu lugar de culto, en tus grupos sociales, en medio de tu comunidad y en cualquier otro lugar. No te pones y te quitas un "sombrero de líder con identidad", pues tú *eres* un líder con identidad y tienes la oportunidad de impactar a los demás de maneras positivas dondequiera que estés. Busca esas oportunidades.

Los líderes con identidad impactan al mundo dondequiera que estén

Cuando asumes tu papel de líder con identidad, estás pisando sobre una base apta para el crecimiento. Tu visión para tu vida se concreta. Se te presentan más oportunidades, porque, en realidad, estás en condiciones de verlas y de recibirlas. Tu potencial comienza a desplegarse y crecer. Los que antes parecían problemas insuperables, ahora, son problemas solucionables. Tus relaciones de trabajo, en la escuela, en casa, en la comunidad, en todas partes, mejoran. La gente se siente atraída por tu energía positiva. Encuentras mayor libertad en tu expresión, pues sabes quién eres, a qué y a dónde le apuntas, cuáles son tus motivaciones y cuál es tu propósito. Por consiguiente, disfrutas más la vida.

Cómo lidera un líder con identidad

Los líderes con identidad lideran desde la autenticidad —lo que significa que son fieles a sí mismos y a los ideales y valores de la empresa a la que se dedican—. No les preguntan a otros lo que no se preguntan a sí mismos. Su liderazgo está inspirado en un fuerte y preciso sentido de sí mismos y en una confianza inquebrantable en su capacidad para triunfar.

Cuando surgen problemas y llegan los fracasos, ellos no señalan a nadie con el dedo. Más bien, perseveran, se reagrupan, llegan a soluciones y aprenden de los contratiempos. No se acobardan ante los obstáculos, sino que se inspiran en ellos para encontrar soluciones. Piensan por sí mismos y también le dan la bienvenida a las ideas de quienes los rodean. No se sienten amenazados por las propuestas brillantes de sus subalternos; al contrario, se nutren de ellas y las celebran cuando así lo ameritan.

Los líderes con identidad son buenos comunicadores y jugadores de equipo

Los líderes con identidad son buenos comunicadores en todo momento —sobre todo, cuando las aguas se agitan—. Ellos saben cómo articular claramente misiones, visiones y planes, y son una influencia tranquilizadora en tiempos de confusión.

Los líderes con identidad son verdaderos jugadores de equipo, sea cual sea su posición. No tienen miedo de pedir ayuda, ni nuevas ideas, ni un análisis crítico. Su enfoque está en la misión y el objetivo del equipo y se responsabilizan a sí mismos y a otros en aras de alcanzarlos. Y a medida que trabajan en lograrlos, evaluando una gama compleja de información, ideas y soluciones, nunca pierden de vista la visión general de lo que obtendrán con sus logros.

> "El trabajo en equipo hace que el sueño funcione".
> —JOHN C. MAXWELL

Los líderes con identidad se conocen bien a sí mismos

Los líderes con identidad no se basan en tradiciones o modelos obsoletos que no funcionan bien hoy. En cambio, "perforan y delimitan" —lo que significa que profundizan en la esencia de su identidad hasta que se conozcan bien por dentro y luego se deshacen de lo que es irrelevante para ellos, basados en su esencia—. Si te sentaras con un líder con identidad, él/ella sería capaz de responder clara y completamente a estas preguntas: ¿Qué te motiva en tu trabajo? ¿Qué es lo que le aportas a tu trabajo que hace que te destaques? ¿Cuáles son tus pasiones y fortalezas? ¿Qué te hace soñar?

De hecho, conocer sus pasiones y fortalezas les ayuda a navegar en medio de las agitadas aguas del mundo empresarial, así como a reducir la brecha entre donde están ahora y donde pretenden estar.

Y ese es otro factor definitorio de los líderes con identidad: que saben dónde quieren estar. Y saben cómo van a llegar allí. Ellos tienen un plan —un plan claro, conciso y enfocado— que les sirve como hoja de ruta hacia su destino. Además, tienen un modelo de éxito que evoluciona constantemente, a medida que ellos crecen, amplían sus conocimientos, mejoran sus habilidades y enfrentan nuevas oportunidades y experiencias que les ayudarán a llegar a donde quieren ir.

Los líderes con identidad desarrollan hábitos saludables

Ellos no solo saben quiénes son, sino que también desarrollan hábitos que les ayuden a mejorar sus habilidades, a adquirir las experiencias que necesitan para crecer como líderes y así desarrollar todo su potencial en todas las áreas de su vida. Están motivados para mejorar constantemente, agregándole valor a su vida a medida que fortalecen sus talentos y habilidades.

Los líderes con identidad desarrollan hábitos que les ayudan a mejorar sus habilidades, a adquirir las experiencias que necesitan para crecer como líderes y así desarrollar todo su potencial en todas las áreas de su vida.

Los líderes con identidad se atreven a tomar decisiones impopulares

Ellos tienen el coraje de tomar decisiones impopulares que, en última instancia, son correctas en términos de visión y objetivos generales. Dicen lo que piensan y no se dejan influenciar por la opinión popular o la presión de grupo. Ese valor, por cierto, se ve reforzado por la comprensión que tienen de sí mismos. Saben lo que creen, lo que representan y cuáles son sus valores, y están en paz con quienes son. Cuando sabes quién eres en tu esencia, es mucho más difícil que logren cambiártela.

Los líderes con identidad se centran en mantener el rumbo y en reajustarlo si eso significa que de esa manera se acelerará la realización de su visión o que mejorará su valor, caso en el cual están dispuestos a hacer valer sus razones con respecto a las decisiones tomadas por el camino. Y cuando están experimentando carga emocional, son capaces de mantener sus emociones bajo control mientras explican sus ideas y decisiones con total claridad.

"La decisión más difícil de tomar es la decisión de actuar, el resto es simple tenacidad".
—AMELIA EARHART

Los líderes con identidad se mantienen concentrados

Los líderes con identidad se enfocan de otra manera: permanecen concentrados en su tarea. Es un mito pensar que quienes tienen la habilidad de desempeñar multitareas son mejores trabajadores o más eficientes; hay estudios que demuestran que ellos logran *menos* que aquellos que tienen un enfoque más limitado. Cuando estás concentrado, distingues mejor entre información relevante e irrelevante. Es menos probable que te distraigas. Podrás archivar mentalmente información importante y volver a ella más tarde sin ningún problema. Tu mente es más organizada. No pierdes el tiempo saltando de un proyecto o una tarea al siguiente. Mantienes continuidad y fluidez en tu trabajo y en tus procesos de pensamiento. Te tomas el tiempo para pensar profundamente sobre un tema. Desarrollas tus propias ideas, ves que hay debajo de la superficie y extraes el oro que está ahí abajo.

Los líderes con identidad le aportan valor a su organización

Los líderes con identidad son muy valorados por muchas otras razones que son importantes para las empresas. Entre ellas están:

- **Impulsan el rendimiento.** Ellos comprenden la visión y las metas y por lo tanto saben lo que se necesitará para lograrlas. Saben evaluar el talento, poner a las personas en el lugar en el que es más probable que ellas tengan éxito, formen un equipo y motiven a los demás a trabajar hacia el objetivo común. Ellos saben cómo modelar la calidad del trabajo que necesitan por parte de su equipo. Están al frente, liderando mientras otros están siguiendo su estilo de liderazgo.

- **Tienden a colaborar.** Los líderes con identidad ven conexiones entre personas y departamentos y empresas que se beneficiarán entre sí al involucrarse unos con otros. Ven los resultados que esas colaboraciones pueden producir y es por eso que se los presentan claramente a los actores clave con el fin de motivarlos a que se unan a la causa.

- **Ven el potencial en los demás.** Se caracterizan por ver diamantes en bruto y además ven nuevo potencial en sus colaboradores experimentados. En un mercado siempre en evolución, esta capacidad de ver el potencial en los demás es crucial para el crecimiento y la salud de una empresa.

- **Apoyan el desarrollo del talento.** Yendo de la mano al ver el potencial en los demás, los líderes con identidad respaldan y apoyan plenamente el desarrollo de ese potencial. Son altamente motivados para detectar, desarrollar y fortalecer talentos, en beneficio tanto de la empresa como del crecimiento individual de todos y cada uno de los miembros del equipo.

- **Forjan relaciones.** Los líderes de identidad son como casamenteros a nivel ejecutivo. Ven lo que pueden ofrecerle a otro grupo u organización y analizan que puede ser lo que ese grupo les aporta. Esto con el fin de que ambas partes se beneficien. Además, suplen sus debilidades a través de forjar relaciones y de esa manera les abren las puertas a nuevas oportunidades.

- **Marcan el tono de la cultura empresarial.** Los líderes con identidad están en la posición de establecer el tono de la cultura de la empresa, en parte, porque las personas a menudo buscan pautas en los líderes innatos. Los líderes con identidad están en sintonía con los valores y la cultura de la empresa y contribuyen a solidificarla a través de sus palabras y su comportamiento.

- **Fomentan el aprendizaje y la innovación.** Son aprendices voraces que valoran tanto el aprendizaje como la innovación. Reconocen que la innovación es el alma de una empresa y crean un entorno donde los empleados estén motivados a aprender e innovar.

Los líderes con identidad son responsables

El liderazgo con identidad se trata de ser responsable con las personas de las cuales eres líder. Eso significa que tú no culpas a los demás cuando las cosas van mal. Tampoco culpas a las circunstancias que de alguna manera sabotearon tu proyecto. Ni caes sobre tu propia espada y te culpas por causa de tu vergüenza. Tú no actúas con un aire de obligación y resignación a la vez (esta es una de las formas más rápidas de acabar con la motivación de un equipo). En lugar de hacer todo eso, te haces cargo y te responsabilizas por tus acciones.

Cuando eres un líder con identidad y actúas con determinada responsabilidad, entonces, desarrollas cierta conciencia de cómo enfrentar retos. Te das cuenta si empiezas a culpar a otros o a las circunstancias o a deprimirte. Te niegas a mirar tus desafíos desde estos ángulos. Más bien, miras la situación desde un nuevo conjunto de percepciones y suposiciones, sabiendo que puedes encontrar y encontrarás soluciones efectivas.

Por el contrario, si eludes tu responsabilidad, ningún individuo o grupo superará tu nivel de responsabilidad. Entonces, si adquieres el hábito de culpar a los demás por tus problemas, bien sea dentro o fuera de tu empresa, recuerda que tu equipo de trabajo hará lo mismo. En cambio, si le dices a tu equipo: "Oigan, este es nuestro problema, averigüemos cuál sería la mejor forma de manejarlo", ten la certeza de que ellos asumirán su responsabilidad y enfocarán sus energías en resolver tal problema.

Y a medida que asumas responsabilidad de tu liderazgo, ten en cuenta esto: quienes están a tu cargo también se volverán más responsables y te seguirán el paso.

Los líderes con identidad generan los resultados que desean

Hasta ahora, he hablado sobre el liderazgo con identidad desde el punto de vista empresarial, pero este tipo de liderazgo es una realidad de 24 horas al día, 7 días a la semana y toca todos los aspectos de nuestra vida en el trabajo, el hogar, la familia, las relaciones a nivel personal, familiar, social, trabajo, comunidad, organizaciones cívicas, pasatiempos y en todo tipo de actividades extracurriculares de todas las formas y tamaños.

El común denominador en todas estas situaciones es que los líderes con identidad saben con total certeza cuál es el resultado que buscan, se conocen a sí mismos y sus habilidades, y cómo estas encajan en sus objetivos. Además, tienen un plan sobre cómo alcanzar sus metas y cómo liderar e inspirar a otros para que quieran contribuir a alcanzarlas, si se trata de unas metas de equipo y no de un esfuerzo individual.

Por ejemplo, supongamos que formas parte de una organización social que quiere planear un evento o recaudar unos fondos para una causa digna. Pero la organización, basándose en sus propios recursos, no alcanzará ese objetivo. Tú también eres consciente de esto, pero conoces otros grupos cívicos con los que tu organización podría asociarse para alcanzar el resultado deseado. Entonces, te comunicas con ellos, los invitas a hacer parte del plan y, como resultado, tu proyecto se convierte en un gran éxito.

Ahora, supongamos que has estado trabajando para alcanzar tus objetivos personales en el campo del fitness durante bastante tiempo y sin obtener un éxito duradero. Entonces, en lugar de seguir haciendo lo mismo una y otra vez, decides enfocarte en investigar por tu cuenta y con más profundidad. Así, a lo mejor, contemplas la probabilidad de probar diferentes programas de entrenamiento o quizás hasta contrates un entrenador personal.

En otras palabras, como líder con identidad, tú percibes y haces lo que se necesita para alcanzar el resultado deseado sin dejarte obstaculizar por las barricadas que surjan en el camino. Tu actitud es buscar la manera de saltar por encima de ellas y continuar hasta llegar a tu meta.

Los líderes con identidad no se centran en sí mismos

En ocasiones, cuando hablo de liderazgo con identidad, más que todo, cuando uso el término *autoliderazgo,* la gente asume que estoy hablando de personas que son egoístas, centradas en sí mismas, narcisistas. Sin embargo, eso no podría estar más lejos de la verdad.

Los líderes con identidad que se lideran a sí mismos operan desde la posición que más convenga para la misión y el objetivo de la organización. Su enfoque es unir al equipo de trabajo de la manera más adecuada en aras de poner a funcionar las fortalezas de todos y cada uno de sus colaboradores, acelerando el crecimiento del grupo. Los líderes con identidad son como los directores de orquesta de Broadway, están abajo, en el foso, coordinando los esfuerzos de todos los músicos, quienes juntos producen lo que los asistentes vinieron a escuchar: música hermosa. El público no vino a ver al director agitar su batuta; vino a escuchar el asombroso sonido sinfónico. Los músicos son el centro de atención en el escenario; el conductor está en el foso, si no está fuera de la vista de la audiencia, al menos, si está fuera de su mente. Sin embargo, sin él la música no suena todo lo esplendorosa que debe sonar.

Los líderes con identidad no temen recibir críticas

Los egoístas y narcisistas tienden a ponerse a la defensiva cuando alguien los critica, por muy válida que sea tal crítica. En cambio, los líderes con identidad están abiertos a recibir críticas y quejas, y saben separar la forma en que les hicieron esas quejas de la esencia de estas. Y si les dijeron la verdad, entonces, ellos aprenden de esa verdad, y la usan para crecer y ser mejor gracias a ella.

Existen tres claves para aceptar la crítica y crecer a partir de ella:

1. **Confía en quien eres —y siéntete cómodo con ello—.** Con esto en mente, no tomarás las críticas como un ataque contra la esencia de tu identidad. Observa y verás que es muy factible que dos personas escuchen una misma crítica y sin embargo la tomen de formas muy diferentes. Quizás, una escuche: "Eres un ser humano tremendamente defectuoso", mientras que la otra podría escuchar: "Cometiste un error y te mostraré cómo solucionarlo".

2. **Aprovecha las críticas útiles y desecha el resto.** Aprende a analizar el tipo de crítica acertada y útil de la que no lo es. Analiza todo a través de la lente de cualquiera que sea el objetivo del proyecto que estés realizando o del trabajo en que te encuentres involucrado. ¿Tal crítica te ayudará a llegar allí? ¿Te ayudará a mejorar? Si es así, recíbela. Si no, agradécele a quien te la esté haciendo y sigue adelante. También es posible que recibas dos minutos de críticas y estos se te conviertan en dos minutos útiles. O quizá, de esos dos minutos, solo 20 segundos son útiles o extremadamente importantes. Aprender a analizar las críticas.

3. **Cuando busques retroalimentación, haz preguntas específicas.** Preguntas generales como: "¿Qué te pareció nuestro seminario?", son difíciles de responder de manera muy honesta o específica. En cambio, haz preguntas más específicas como: "En esta parte de nuestro seminario de capacitación, ¿sería mejor hacer una discusión en grupo o una actividad individual?".

54 atributos de los líderes con identidad

Los líderes se destacan por numerosas razones y en una variedad de circunstancias. Cada líder es único, pero la mayoría comparte un número significativo de atributos. Por supuesto, no todos los líderes tendrán todos los atributos que aparecen en la siguiente lista y hay quienes serán más fuertes en unos que en otros. El hecho es que esta es una compilación de los atributos de líderes exitosos, los cuales han surgido de numerosos estudios realizados sobre liderazgo.

A medida que leas esta lista, califícate en una escala de 1 a 5. Si tu puntuación está entre 140–190 puntos, tienes habilidades de liderazgo promedio. Si puntúas entre 191–240 puntos, tienes habilidades de liderazgo por encima del promedio. Si obtienes una puntuación superior a 240 puntos, tus habilidades de liderazgo son excelentes.

(Y si no quieres contar tus puntos, bien puedes observar tus respuestas y analizar en cuales te equivocaste).

Líderes efectivos	1 Muy deficiente	2 Por debajo del promedio	3 Promedio	4 Por arriba del promedio	5 Excelente
Autoconscientes					
Automotivados					
Honestos e íntegros					
Auténticos					
Rinden cuentas y son transparentes					
Responsables					
Curiosos, lectores que siempre están aprendiendo					
Resilientes, persistentes y recursivos					
Disciplinados					
Sinceros y honestos					
Entusiastas					
Positivos, confiados y hábiles					
Con alto nivel de inteligencia social y emocional					
Pacíficos					

Respetuosos					
Con expectativas claras					
Justos					
Motivadores					
Saben delegar y empoderan a otros					
Ven el potencial en los demás					
Ayudan a la gente a triunfar					
Lideran de acuerdo a su carácter, sus valores y metas					
Comprometidos y apasionados con sus causas					
Buenos comunicadores					
Asertivos					
Pacientes					
Saben cuándo y cómo confrontar					
Empáticos					
Buenos negociadores					
Saben retribuir					
Tienen visión					
No les temen a los errores					
De mente abierta					
Proactivos					
Saben tomar decisiones					

Invierten en sí mismos y en otros				
Hacen buen uso del tiempo				
Trabajadores				
Saben relacionarse				
Trabajan en mejorar sus habilidades de liderazgo				
Piden consejos				
Se proyectan				
Viven en el presente				
Tienen capacidades de crítica y de síntesis				
Enfocados				
Adaptables				
Cumplen sus metas				
Saben apalancarse y transferir sus experiencias a otras situaciones				
Resuelven problemas y construyen equipos				
Construyen relaciones				
Son amplios e innovadores				

Saben manejar los retrasos					
Vencedores					
Se autolideran					

La cualidad distintiva del líder con identidad: Un alto grado de IE

La expresión "inteligencia emocional" (conocida como IE) fue utilizada por primera vez, a mediados de la década de 1990, por el sicólogo y escritor Daniel Goleman. A lo largo de su investigación a nivel global en casi 200 empresas, Goleman encontró que la característica distintiva entre los líderes verdaderamente efectivos era su alto grado de inteligencia emocional.[13]

En otras palabras, toda la educación y la experiencia del mundo, aunadas a la mente más brillante, no dan como resultado a un buen líder. En cambio, cuando a todo esto le agregas el factor de la IE, entonces, ese coeficiente de brillantez marca la diferencia y el potencial de liderazgo florece realmente.

Una persona emocionalmente inteligente es alguien consciente de sus emociones, capaz de expresarlas y controlarlas, que sabe a ciencia cierta cómo manejar sus relaciones interpersonales con sabiduría y empatía. Las personas emocionalmente inteligentes saben aprovechar y aplicar sus emociones a labores como la creación de ideas, la toma de decisiones y la resolución de problemas; tienen la capacidad de percibir estados emocionales y responder en consecuencia—por ejemplo, animando o calmando a los demás.

Goleman descubrió que los componentes principales de la inteligencia emocional —autoconciencia, autoadministración, motivación, empatía y habilidades sociales— impactan directamente los resultados comerciales medibles.

Las llamadas habilidades blandas —las capacidades interpersonales que te permiten comprender, relacionarte y ser empático con los demás— son tan importantes como las habilidades duras —aquellas de las que requieres para realizar tu trabajo como debe ser. De hecho, son las habilidades sociales las que te llevarán a destacarte como líder.

Las llamadas habilidades blandas —las habilidades interpersonales que te permiten comprender, relacionarte y ser empático con los demás— son tan importantes como las habilidades duras —aquellas que de las que requieres para realizar tu trabajo como debe ser. De hecho, son las habilidades sociales las que te llevarán a destacarte como líder.

Nueve principios del liderazgo con identidad

Si deseas activar al líder con identidad que hay en ti, te recomiendo que asimiles y vivas estos nueve principios que te ayudarán a lograr tu visión y tus metas, así como a alcanzar el máximo de tu potencial.

1. **Autorrespeto.** Respeta la persona que eres, tus dones y habilidades, y el valor innato que tienes como ser humano. No hay, literalmente, nadie en el mundo como tú. Trátate a ti mismo con el respeto que te mereces y los demás te tratarán de igual modo.

2. **Autoadministración.** La autoadministración tiene un gran impacto tanto en tu comportamiento como en tu bienestar. Esta comienza con la conversación que sostienes contigo mismo, aquella que pasa por tu mente todos los días. Las personas más exitosas utilizan palabras positivas, optimistas y alentadoras cuando hablan consigo mismas, pues son conscientes de que su lenguaje influye en cómo ellas se comportan y se sienten e incluso en lo que intentan y dejan de intentar. Los buenos administradores

de sí mismos se desafían a ampliar sus límites, a enfrentar desafíos y a crecer.

3. **Autodesarrollo.** Todos los días, tenemos oportunidades para desarrollar nuestro carácter y nuestras habilidades. Las personas que son intencionales en su deseo de seguir desarrollándose y aprendiendo son quienes alcanzan el mayor crecimiento y las que tienen más probabilidades de lograr sus objetivos —en parte, porque saben darle forma a su autodesarrollo en torno a esos objetivos.

4. **Autorresponsabilidad.** Asume la responsabilidad de aquello por lo que eres responsable y está bajo tu control. Examina cómo son tus respuestas a las circunstancias que están fuera de tu control. Cuando eres autorresponsable, te enfocas en la solución y en avanzar con ingenio hacia tus objetivos sin importar las circunstancias. La autorresponsabilidad nos mueve continuamente hacia la meta.

5. **Autoconsciencia.** Cuando eres autoconsciente, eres consciente de tu propio carácter, de tus sentimientos, motivos y deseos. También lo eres de tus fortalezas y debilidades, así como del valor que le aportas al grupo y de tu potencial. Las personas autoconscientes atraen a otros hacia ellas y lo hacen con naturalidad, porque su consciencia les dice: *"Sé quién soy y qué puedo hacer"*. Eso resulta atractivo precisamente porque muchos no saben quiénes son, ni lo que son capaces de hacer. La gente consciente de sí misma mejora su desempeño, eficacia y éxito.

6. **Autoeficacia.** La gente autoeficaz cree en su habilidad de desempeñarse a los niveles que necesite para lograr sus metas. Esto determina la forma en que las personas piensan, sienten y se motivan a sí mismas a comportarse. La autoeficacia produce resiliencia en las personas, porque

ellas saben que cuentan con la capacidad necesaria para superar obstáculos mediante planificación, ejecución, esfuerzo y perseverancia. Quienes son autoeficaces abordan las tareas difíciles tomándolas como desafíos por superar y no como amenazas que hay que evitar. Como dijo Henry Ford: "Bien sea que pienses que puedes o que no puedes, en cualquier caso, tendrás razón".

7. **Autoaprendizaje.** Los líderes con identidad son aprendices continuos a lo largo de su vida. Siempre están leyendo, observando y haciendo preguntas; se mantienen al día con lo último en su campo; asisten a conferencias, seminarios y talleres; viven aprendiendo de sus mentores, compañeros y competidores, al igual que de sus propias experiencias y no tienen miedo de intentar nuevas cosas a medida que amplían los límites de su conocimiento y sus habilidades.

8. **Automotivación.** Los automotivadores son gente que se siente impulsada a lograr metas sean cuales sean las circunstancias externas. El hecho es que ellos están comprometidos con sus objetivos y tienen un alto nivel de iniciativa. Y además, están dispuestos a aprovechar las oportunidades que les ayuden a ir en pos de dichos objetivos. También tienden a tener altos niveles de optimismo. Es así como superan las barreras y los obstáculos que enfrentan a lo largo del camino.

9. **Autoempoderamiento.** Cuando eres una persona autoempoderada, tú sabes quién eres y de lo que eres capaz, y este conocimiento te sirve para establecer y alcanzar metas que te permitan hacer uso de todo tu potencial. La gente empoderada tiene la habilidad de tomar el control de sus circunstancias con tal de lograr sus metas. Es gente consciente de sus fortalezas y debilidades y, por lo tanto, está mejor equipada para hacerles frente a los problemas,

alcanzar sus metas y aprovechar las oportunidades que se les presenten y que contribuyan a mejorar su crecimiento personal y profesional.

Tómate un momento para volver a leer esta lista y califícate en cada principio utilizando una escala de 1 a 5, siendo 1 "extremadamente bajo" y 5 "extremadamente alto".

No te desanimes si tu calificación no es muy buena en todas las categorías. Convertirte y ser un líder con identidad es un proceso, una evolución que implica tiempo. Así que busca oportunidades para desarrollar fortalezas donde sientas que las necesitas. Parte de ese desarrollo ocurrirá a medida que te enfoques en el séptimo principio, autoaprendizaje, el cual te ayudará en todas las demás categorías.

La ventaja del líder con identidad

Habrás oído describir la vida como una carrera de ratas. Te despiertas, vas a trabajar, trabajas duro, te esfuerzas por obtener lo que tienes, compites contra todos y contra todo con tal de hacer bien tu trabajo, tienes exceso de trabajo, eres mal pago y estás subempleado. Te vas a casa sintiéndote infeliz, duermes, te despiertas y al día siguiente vuelve y juega.

Esa es una forma difícil de vivir.

Sin embargo, como líder con identidad, tú tienes la capacidad de sortear mejor esa carrera de ratas, pues tienes muchas ventajas por aprovechar tanto en tu vida laboral como personal.

A continuación, detallaré algunas de esas ventajas. Las he organizado en tres categorías: planificación, desempeño y desarrollo personal.

Ventajas relacionadas con la planificación

Los líderes con identidad tienen una gran ventaja en la planificación y organización de su vida, pues la hacen en torno a lo que es importante para ellos. Como líder con identidad, tú tienes la capacidad para:

1. **Aprovechar al máximo tus 24 horas.** El tiempo es el gran ecualizador. Todos tenemos 24 horas dentro de las cuales planeamos lo que haremos día a día. Esto significa que las personas exitosas no tienen más tiempo que tú. Por esa razón, cuando sabes quién eres y qué quieres lograr, inviertes tus 24 horas diarias de manera cuidadosa, meditada y sabia. No pierdes el tiempo, porque sabes que las elecciones que hagas con respecto a lo que vas a hacer con tus 24 horas diarias son las que le dan forma a tu vida. Toma decisiones que se centren en tu desarrollo y en tus metas. Busca la mejor manera de equilibrar tus prioridades y de organizar tu vida. Así, avanzarás en pos de cumplir tus sueños.

Todos tenemos 24 horas dentro de las cuales planeamos lo que haremos día a día. Esto significa que las personas exitosas no tienen más tiempo que tú. Por esa razón, cuando sabes quién eres y qué quieres lograr, inviertes tus 24 horas diarias de manera cuidadosa, meditada y sabia.

2. **Utilizar tu cerebro *entero* para organizar tu vida.** Muchas personas se quedan atascadas usando solo un lado de su cerebro (para obtener información sobre la teoría del cerebro derecho/cerebro izquierdo, consulta "Right Brain, Left Brain" o "Whole Brain"). Ser un líder con identidad te ayuda a aprovechar las partes no utilizadas de tu cerebro para procesar información desde perspectivas tanto creativas como lógicas. El resultado es que desarrollas

y agudizas mejor tus habilidades. Tu proceso creativo fortalece tu proceso lógico y viceversa.

3. **Analizar tus oportunidades.** Cuando sabes quién eres y hacia dónde vas, ves formas potenciales de cómo llegar allá. Las posibilidades comienzan a abrirse a tu paso. Lo que antes parecía confuso, abrumador o improbable, ahora parece claro, alcanzable y que vale la pena. El liderazgo con identidad es generador de una nueva autoconciencia sobre lo que es posible y vale la pena para ti.

4. **Concentrarte en lo que sea importante y relevante.** Como líder con identidad, tú sabes lo que es importante para ti y se te facilita eliminar todas esas distracciones y comportamientos que te impiden desarrollar todas tus capacidades.

5. **Vivir desde lo interno, no desde lo externo.** Al descubrir la esencia de tu identidad, tu enfoque cambia de lo externo a lo interno. Ya no estás tan influenciado por fuerzas externas —las opiniones que otros tienen sobre ti, las circunstancias de tu vida, los obstáculos que podrías enfrentar—, porque sabes internamente quién eres y lo que eres capaz de superar y lograr.

6. **Conocer tus valores fundamentales.** Tu identidad te ayuda a explorar y comprender tus valores fundamentales. Identifica qué es lo que realmente importante para ti, aquello en lo que crees y lo que crees acerca de ti mismo, y estos valores fundamentales te servirán de timón, guiándote hacia tu futuro. Es en estos valores fundamentales en los que necesitas basar todas tus decisiones y establecer todos tus objetivos.

7. **Identificar cuál es la visión para tu vida.** Cuando conoces tus valores fundamentales, quién eres y qué es

lo importante para ti, entiendes cuál es la visión que se ajusta a tu vida. Esa visión surge de conocer tus fortalezas y pasiones, y de lo que realmente te importa. Y cuando tienes tal visión, estás en ventaja con respecto a la mayoría de la gente. La visión te da un propósito real en tu vida diaria. La identidad te ayuda a lograr claridad y te impulsa a seguir tu marcha tanto personal como profesional.

8. **Ser consistente y enfocarte en tus metas.** Cuando sabes quién eres, te vuelves mucho más consistente en tu día a día. Esa consistencia proviene de estar seguro de lo que quieres y de enfocarte en tus metas a corto y largo plazo —metas que, una vez las logres, también le permitirán al resto del mundo saber quién eres—. El liderazgo con identidad te ayuda a desarrollar hábitos que aumentarán tus posibilidades de éxito.

9. **Forjar una trayectoria profesional y crear un plan para el éxito.** El liderazgo con identidad te ayuda a construir tu carrera. En esto consiste la parte "cómo vas a llegar allí" de "quién eres tú, hacia dónde vas y cómo vas a llegar allí". Cuando comprendes esas dos primeras partes, la tercera parte vendrá por añadidura. Lo que estaba brumoso se vuelve claro y puedes trazar un camino y una vida a cual más de satisfactorios.

10. **Tomar el control de tu destino y darle forma a tu futuro.** Cuando sabes qué es relevante para tu vida, estás en capacidad de tomar el control de tu destino. Te encuentras a cargo de tu vida y te das a la tarea de darle forma a tu futuro como tú quieras. Estás lleno de energía, porque no solo sabes en qué te destacas y lo que te apasiona, sino que también sabes cómo darle forma a tu vida para que esté acorde con esas fortalezas y pasiones. A medida que construyes tus valores fundamentales, estás estableciendo

la base de tu éxito. Y a medida que te vuelves exitoso, sigues construyendo ese éxito.

"Controla tu propio destino o alguien más lo controlará".
—JACK WELCH

Cerebro derecho, cerebro izquierdo o cerebro completo

El cerebro humano es un órgano asombroso. Tiene alrededor de 100 billones de neutrones y unos 100 billones de conexiones, y se divide en dos hemisferios. El lado izquierdo es más verbal, analítico y ordenado; el lado derecho es más visual, intuitivo y creativo. Entendiendo esto, la noción de tender a usar más el "cerebro derecho" o el "cerebro izquierdo" se puso de moda. Pero esa noción nunca ha sido probada. En un estudio de 2013, realizado por University of Utah, se escaneó el cerebro de más de 1.000 personas y esto permitió descomponerlo en más de 7.000 partes, pero no hubo evidencia alguna de "lateralidad"[14]. Esto significa que los rasgos de personalidad, las preferencias individuales y los estilos de aprendizaje no dependen de la idea de que uses más tu lado derecho o izquierdo de tu cerebro.

De hecho, ninguno de los dos lados opera independiente del otro, sino conjuntamente y entre sí. Por ejemplo, una persona que usa más su lado izquierdo para leer o escribir (que tiende a usar el hemisferio izquierda para funcionar) utilizará el lado derecho para comprender el contexto y el tono. El lado izquierdo hará ecuaciones matemáticas, pero el lado derecho ayudará cuando se trate de hacer comparaciones y dar estimaciones aproximadas.

¿Qué significa eso para nosotros?

Significa que debemos prestarle atención al hecho de desarrollar la totalidad de nuestro cerebro. Debemos aprovechar nuestras fortalezas a medida que ampliamos nuestras capacidades en ambos lados de nuestro cerebro. Entonces, seremos capaces de funcionar al más alto nivel.

Ventajas relacionadas con el desempeño

La primera etapa es la planificación y la segunda es el desempeño. Esta tercera etapa es poner tu plan en acción. Pasar por el proceso del liderazgo con identidad también te brinda ventajas significativas en esta área. Como líder con identidad, tú estás capacitado para:

1. **Lograr claridad y actuar con propósito.** Cuando sabes quién eres, sabes lo que quieres. Te sientes cómodo en tu propia piel. No sientes la necesidad de complacer a los demás, ni de intentar ser como otra persona. Estás bien siendo tú mismo y esto te libera para verte a ti mismo, a tu vida y a tus posibilidades con gran claridad. A su vez, esa claridad te ayuda a concentrarte en tu propósito y avanzar hacia él con confianza.

2. **Superar tus circunstancias.** Cuando estás seguro de tu identidad, tienes la capacidad para superar circunstancias adversas. Comprendes que tu viejo sistema de creencias está desactualizado y que ya no es relevante para la persona que eres realmente, del mismo modo en que tus circunstancias no pueden mantener apagado tu verdadero yo. Ahora, trabajas en situaciones frente a las que antes te habrías rendido. Ya no estás atado, ni encerrado por circunstancias desafortunadas. Ahora, te levantas por encima de ellas.

3. **Mejorar tus habilidades de gestión del tiempo.** El liderazgo con identidad te ayuda a mejorar cada vez más la forma en que administras tu tiempo, porque sabes lo que buscas y no lo pierdes en cosas irrelevantes. Más bien, centras tu día en lo que es importante para ti, basado en tus metas a largo y corto plazo.

4. **Crear oportunidades.** Te resulta más fácil construir habilidades relacionales, ampliar tu red de contactos y crear más oportunidades, porque sabes lo que buscas. Cuando te conoces a ti mismo, ves oportunidades que de otra manera se te habrían pasado por alto. Es decir, el éxito que experimentas a través de tu proceso de identidad allana tu camino hacia obtener éxitos más grandes y valiosos.

5. **Superar los obstáculos.** El liderazgo con identidad es una de las mayores claves para superar obstáculos. Cuando sabes quién eres y crees en ti mismo, no te desaniman los obstáculos que se interponen en tu camino. Simplemente, te ingenias la forma de vencerlos.

6. **Mejorar tus habilidades de liderazgo.** A medida que avanzas en tu proceso de liderazgo con identidad, te transformas y pasas de ser un seguidor a convertirte en un líder, porque los líderes son personas que no tienen dudas sobre quiénes son, ni de qué son capaces. Por esa razón, la gente los sigue de manera natural, porque se siente atraída por líderes que demuestran tener comprensión y manejo de sí mismos.

7. **Ver el mundo de manera diferente.** Como líder con identidad, cambias la forma en que piensas y sientes sobre ti mismo y sobre tu papel en el mundo. Te vuelves más seguro, tomas responsabilidad de tu desarrollo propio y cambias la forma de aprender y procesar la información que

encuentras, centrándote en aquella que es más relevante para tu desarrollo. Y lo bonito es que, cuando empiezas a mirarte a ti mismo y al mundo de manera diferente, el mundo sigue tu ejemplo. Te ve diferente, porque eres diferente, puesto que te transformarte en tu yo verdadero.

8. **Separarte de la manada.** ¿Recuerda esa carrera de ratas a la cual me referí antes? Como líder con identidad, comienzas a separarte de la manada, porque sabes lo que buscas... y esto te coloca por delante de la mayoría de la gente. Se te presentan más oportunidades para elegir y estás entre los primeros en ser elegidos.

9. **Crear una ventaja competitiva.** Ser un líder con identidad te da una ventaja competitiva. Cuando tienes una base para avanzar en tu crecimiento y desarrollo, cuando sabes cómo adquirir información y conocimiento y hacer que estos sean relevantes para tu vida, te empoderas para convertirte en un experto y generar valor en tu trabajo. Te preparaste para convertirte en un productor y no en un consumidor. Y es a los productores, a los líderes, a quienes el mundo toma en cuenta.

10. **Maximizar tu potencial.** El liderazgo con identidad te ayuda a desempeñarte a tu nivel más alto posible, maximizando tu potencial en todo lo que emprendas. Esto significa que entiendes qué es aquello que te motiva y te impulsa y sabes hacia dónde vas y cómo llegar allí. Te enfocas en las cosas que te ayudarán a continuar mejorando cada día.

El liderazgo con identidad te ayuda a desempeñarte a tu nivel más alto posible, maximizando tu potencial en todo lo que emprendas.

Ventajas relacionadas con el desarrollo personal

Esta última sección sobre desarrollo personal es tan importante como la secciones sobre planificación y desempeño. El desarrollo personal es la base sobre la cual te construyes. Basado en tu desarrollo personal estás más capacitado para planificar y desempeñarte. Como líder con identidad, tienes la capacidad de:

1. **Cuidarte y amarte a ti mismo.** El amor a sí mismo es un rasgo sano y saludable, no una característica narcisista. Cuidarte y amarte a ti mismo significa concentrarte en pensamientos y acciones que apoyen tu crecimiento físico, emocional y espiritual. Cuando actuamos con amor, no sentimos la necesidad de sacar excusas por nuestras deficiencias; más bien, aceptamos quienes somos con todo y nuestros defectos. Así, nos concentramos mejor en lo realmente significativo para nosotros y para quienes están alineados con nuestro propósito, nuestras creencias y nuestros valores.

2. **Dejar la mentalidad de pobreza.** Las personas con mentalidad de pobreza piensan de esta manera: *"Hay gente a la que se le presentan todas las oportunidades del mundo, pero ese no es mi caso. Yo no tengo nada de valor. Estoy destinado a una vida de pobreza, trabajo forzado e infelicidad y a ver a los demás obtener lo que quieren, pero no a tener esas mismas oportunidades. La vida no es justa".* No estoy diciendo que esos no sean sentimientos válidos, sino que el liderazgo con identidad te ayuda a romper con esa mentalidad. Aprendes que el proceso para alcanzar el éxito es el mismo para todos. Existen innumerables historias de soñadores que rompieron con esa mentalidad de pobreza porque sabían quiénes eran e hicieron cosas asombrosas en su vida. Se elevaron por encima de sus circunstancias como un águila que despega del suelo y vuela muy alto. El liderazgo con identidad te ayudará a volar como las águilas.

3. **Creer en ti mismo.** Cuando te conoces a ti mismo es apenas lógico que creas en ti mismo. Es así de simple. Tú crees en ti y sabes quién eres —y las creencias le abren paso al conocimiento—. Te sientes cómodo y confiado en quien eres. Y cuando crees en ti mismo no te acobardas ante la adversidad. No dejas que otras personas, ni las circunstancias te limiten o dicten tu vida. Te enfocas en quién eres y en lo que puedes hacer y lo logras. Creer en ti mismo es invaluable —y una herramienta necesaria para tener éxito.

4. **Evitar las etiquetas externas.** Las etiquetas son un gran problema y actúan como trampa para atrapar a las personas que no saben quiénes son ellas. Pero cuando tú conoces tu identidad, tienes el poder de evitar esas etiquetas y poner en marcha tu capacidad de definirte a ti mismo. Tú tienes el poder de proclamar: "No, yo no soy ese tipo de persona", "No, eso no es quién yo soy" y "No, *yo sí puedo* hacer eso".

5. **Mantenerte motivado.** Como líder con identidad, la motivación es fácil para ti. Sabes lo que quieres, vas tras eso y te pones manos a la obra hasta que lo consigues. En cambio, las personas que no conocen su identidad propia suelen retroceder ante la posibilidad de ir en pos de sus anhelos. El liderazgo con identidad te da un poder perseverante. Todo depende de tener esa claridad que te permita saber quién eres, qué buscas, por qué lo buscas y cómo lo vas a conseguir.

6. **Construir tu marca.** Conocer tu identidad te ayuda a ver en qué consiste tu singularidad. Es como enfocar una lente antes de tomar una imagen: lo que estaba borroso se vuelve preciso y claro. Y cuando tienes claridad con respecto a ti mismo, estás listo para empezar a construir tu marca y a reflejar tu identidad propia entre quienes te rodean. Tu

marca le dice al mundo: *"Esto es lo que yo soy. Esto es lo que soy capaz de hacer. Esto es lo que obtienes cuando trabajas conmigo y me conoces".* Una marca es una herramienta vital para ti, tanto en tu vida profesional como en la personal.

7. **Construir una base para mejorar continuamente.** El liderazgo con identidad es la clave para mejorar. El camino hacia mejorarte a ti mismo suele ser lento y difícil, pero los líderes con identidad tienen los cimientos que se requieren para mejorar de manera continua y que enmarcan y definen un proceso que te ayuda a ver con total claridad no solo quién eres, sino hacia dónde quieres ir y cómo llegar allí.

8. **Forjarte un camino hacia la libertad.** El líder con identidad se abre camino hacia la libertad, porque sabe quién es y qué es capaz de aportar. Y cuando sabes quién eres, eres libre de ser esa persona y de explorar tus capacidades, pasiones y sueños.

9. **Definir y lograr el éxito por ti mismo.** El liderazgo con identidad te ayuda a definir lo que significa el éxito para ti. El éxito es diferente para todo mundo. Cuando no sabes quién eres, tus ideas de éxito están influenciadas por tus familiares, amigos y socios comerciales, por los medios de comunicación y por la cultura en que vives. Es posible que te sientas inclinado a seguir este camino por un año y luego por otro año, siempre persiguiendo una vaga noción de éxito y sin nunca encontrarlo realmente. Pero cuando sabes quién eres, sabes definir con claridad lo que significa para ti vivir una vida de éxito. Sabes en tu corazón lo que buscas, cómo invertir tu vida persiguiendo aquello que te apasiona y entiendes que en el desarrollo de tus habilidades y en esa búsqueda está la raíz de tu éxito.

10. **Planear una vida basada en todo aquello que disfrutas y vivirla con un propósito.** En tu camino hacia un liderazgo

con identidad construyes una vida basada en lo que te motiva, te hace feliz, te da energía y un propósito. Cuentas con la capacidad de construirla basado en tus pasiones, habilidades y fortalezas. Puedes soñar en grande e ir tras tus sueños sin preocuparte por lo que otros digan o piensen y sin retroceder ante los obstáculos que encuentres. Tienes esa base sólida que te da tu identidad. Las olas pueden chocar contra un barco, pero no lo volcarán. Así mismo, tú navegarás a través o alrededor de cualquier tormenta. Porque, cuando conoces tu identidad, no puedes evitar que tu propósito se cumpla. Vives la vida más auténtica posible, esa que estabas destinado a vivir.

En tu camino hacia un liderazgo con identidad construyes una vida basada en lo que te motiva, te hace feliz, te da energía y un propósito. Cuentas con la capacidad de construirla basado en tus pasiones, habilidades y fortalezas.

Resumen de las ventajas del líder con identidad

Esta es la lista abreviada de las ventajas antes descritas. Como líder con identidad, tú estás preparado para:

Ventajas relacionadas con la planificación

1. Aprovechar al máximo tus 24 horas

2. Utilizar tu cerebro *entero* para organizar tu vida

3. Analizar tus oportunidades

4. Concentrarte en lo que sea importante y relevante

5. Vivir desde lo interno, no desde lo externo

6. Conocer tus valores fundamentales

7. Identificar cuál es la visión para tu vida

8. Ser consistente y enfocarte en tus metas

9. Forjar una trayectoria profesional y crear un plan para el éxito

10. Tomar el control de tu destino y darle forma a tu futuro

Ventajas relacionadas con el desempeño

1. Lograr claridad y actuar con propósito

2. Superar tus circunstancias

3. Mejorar tus habilidades de gestión del tiempo

4. Crear oportunidades

5. Superar los obstáculos

6. Mejorar tus habilidades de liderazgo

7. Ver el mundo de manera diferente

8. Separarte de la manada

9. Crear una ventaja competitiva

10. Maximizar tu potencial

Ventajas relacionadas con el desempeño

1. Cuidarte y amarte a ti mismo

2. Dejar la mentalidad de pobreza

3. Creer en ti mismo

4. Evitar las etiquetas externas

5. Mantenerte motivado

6. Construir tu marca

7. Construir una base para mejorar continuamente

8. Forjarte un camino hacia la libertad

9. Definir y lograr el éxito por ti mismo

10. Planear una vida basada en todo aquello que disfrutas y vivirla con un propósito

Desarrollando las habilidades del liderazgo con identidad

Hasta aquí, estoy seguro de que ves cuál es la importancia de desarrollar las habilidades propias de un liderazgo con identidad. También ves lo que obra en tu vida el hecho de tener esas habilidades. Por lo tanto, desarrollarlas juega un papel importante en la respuesta a la pregunta "¿Cómo vas a llegar allá?". La verdad es que no llegarás allá sin esas habilidades puestas en juego.

Entonces, ¿qué hacer para desarrollarlas? A continuación, te daré ocho claves para desarrollar las habilidades propias del liderazgo.

1. **Desarrolla tu identidad.** Así como necesitas saber cómo liderarte a ti mismo antes de liderar a otros, también necesitas conocer a ciencia cierta en qué consiste tu identidad propia —entender tus pasiones, habilidades y dones antes de lograr desarrollarte eficazmente como un líder con identidad—. Esa es la identidad que te brinda una base sobre la cual construir una identidad basada en tus habilidades de liderazgo.

2. **Desarrolla tu inteligencia emocional.** Los líderes con identidad son conscientes y están en control de sus emociones y tienen la capacidad de expresarlas. Ellos saben cómo manejar sus relaciones con empatía y comprensión. Además, entienden sus procesos de pensamiento, sus

comportamientos, sus puntos álgidos, sus fortalezas y sus debilidades, y son capaces de inspirar e influenciar a quienes los rodean, debido a la inteligencia emocional que poseen.

3. **Aprende a evaluarte honestamente.** Si te mientes a ti mismo, estarás inventándote excusas a ti mismo o mirándote a ti mismo bajo una luz falsa —bien sea siendo demasiado duro o demasiado blando— y así no lograrás liderarte a ti mismo, ni mucho menos liderar a los demás, puesto que no tienes una imagen precisa de quién eres.

4. **Sé transparente y abierto en tus relaciones.** Del mismo modo en que necesitas ser abierto y honesto contigo mismo, también necesitas serlo con los demás. Cuando tienes un fuerte sentido de identidad, no tienes miedo de ser transparente, porque no tienes nada que esconder y lo que otros piensan o dicen de ti no altera tu comprensión de quién eres. Y la realidad es que, cuando eres transparente con los demás, compartes vulnerabilidades, sentimientos y pensamientos genuinos, y no escondes tus debilidades o defectos, entonces, las opiniones de la gente acerca de ti son más altas, no más bajas. Quienes te conozcan se sentirán atraídos hacia ti, querrán aprender de ti y sentirán la confianza necesaria en ti como para estar cómodos al dejar al descubierto sus defectos y errores y mostrarte lo que han aprendido acerca de ellos mismos.

Cuando tienes un fuerte sentido de identidad, no tienes miedo de ser transparente, puesto que no tienes nada que esconder y lo que otros piensan o dicen de ti no altera tu comprensión de quién eres.

5. **Enfócate en las metas individuales y del equipo.** El liderazgo con identidad consiste en desarrollar tus habilidades al máximo y en usarlas en tu búsqueda de objetivos individuales y de equipo. Las empresas aman a los líderes con identidad, porque saben que pueden contar

con ellos para avanzar y liderar a otros en el logro de sus metas corporativas.

6. **Disponte a responsabilizarte.** La salida fácil suele ser no tomar posesión de ningún proyecto hasta no estar seguro de que el esfuerzo propio va a ser reconocido de manera positiva, recompensado o elogiado. Tal punto de vista es típico de los líderes que se unen al esfuerzo de su equipo en el último momento —algo así como entrar a una maratón en la milla #25 y correr la última milla como si fueras el campeón de la competencia—. Los líderes con identidad están dispuestos a recorrer todo el camino y a responsabilizarse de los resultados desde el principio, cuando todavía no saben a ciencia cierta qué obtendrán del esfuerzo realizado. Hacen esto, porque no están fundamentados en lo que otros les digan con respecto a quiénes son ellos, ni qué tan eficientes pueden llegar a ser. Más bien, ellos son dueños de sus sentimientos, de sus opiniones y de sus acciones, porque son seguros de sí mismos y no se dejarán derrumbar sean cuales sean los resultados del proyecto en el que estuvieron involucrados.

7. **Aprende a adaptarte al cambio.** Una marca registrada de los líderes con identidad es su capacidad para evaluar toda clase de situaciones y realizar cambios cuando estos sean necesarios. Los líderes con identidad tienen la autoconfianza necesaria como para cambiar el plan de juego en medio de este, pues tienen la inteligencia emocional que se requiere para ver la necesidad de cambio, así como la confianza en sus instintos y en sus habilidades para adaptarse a cada situación. Con frecuencia, aquellos sin tales habilidades se apegan a un mal plan de juego aunque se den cuenta que las cosas no van bien, simplemente, porque tienen miedo de hacer los cambios que se requieran y

después sufren las consecuencias de no haberles hecho caso a sus instintos.

8. **Sé auténtico.** Quizá, más que cualquier otra cosa, los líderes con identidad son auténticos. Ellos son quienes son tanto en los buenos como en los malos tiempos. No cambian con la situación. Puedes contar con ellos en todas las etapas de la vida, en todas las circunstancias —de hecho, sabes que cuentas más con ellos cuando las circunstancias están difíciles, porque no tienes que preguntarte cuál será su verdadera identidad, ni de qué están hechos, porque ellos han sido transparentes contigo todo el tiempo—. Los líderes con identidad son consistentes, confiables, claros, honestos y genuinos. Lo que ves en ellos, eso es lo que obtienes.

Seis formas de perfeccionar tus habilidades de líder con identidad

Tú puedes desarrollar mucho más cualquier habilidad que tengas, sin importar cuán bueno seas (o qué tan débil) en ella. Es por eso que los deportistas profesionales, los pianistas concertistas y todo tipo de profesionales practican y trabajan en sus habilidades todos los días. He aquí seis formas que te ayudarán a perfeccionar tus habilidades de liderazgo con identidad:

1. **Céntrate menos en ti.** Decir esto quizá tienda a sonar contradictorio cuando estamos hablando de construir uno mismo sus habilidades de liderazgo, pero la realidad es que los líderes están muy en sintonía con los sentimientos y las necesidades de los demás. A medida que desarrolles tu IE, serás cada vez más consciente de las necesidades y emociones de los demás y usarás tus habilidades para interactuar de la

manera más apropiada posible y potencializar la ayuda que estés en capacidad de brindarles.

2. **Identifica aquellas áreas donde eres más reacio a ser honesto contigo mismo y con los demás y pregúntate por qué.** Luego, haz que tu objetivo sea ser más transparente en estas áreas. Busca una persona específica que tú veas que es honesta y transparente en ellas.

3. **Aprende a cuidar y a mantener en buena forma tu cuerpo, tu mente y tu espíritu.** Lejos de ser egoísta, cuidar de ti mismo te permite cuidar de los demás y ayudarlos con mayor eficacia.

4. **Lee libros, artículos y blogs sobre liderazgo.** Nunca dejes de aprender. Es muy importante seguir creciendo y mejorando.

5. **Identifica cuáles son tus motivaciones y concentra más tu energía en ellas.** Abandona la actividad o las actividades que veas que te alejan de lo que en realidad te motiva.

6. **Acéptate como la persona que eres.** Reconoce tus deficiencias y defectos, pero también reconoce tus múltiples dones y habilidades y céntrate en ellos. El Salmo 139 habla de cuán cuidadosa y maravillosamente fuimos hechos: "Porque Tú formaste mis entrañas; me tejiste en el vientre de mi madre. Te alabaré, porque asombrosas y maravillosas son tus obras" (versos 13 y 14). Reconoce el glorioso potencial que hace parte de ti. Esa es la esencia de tu verdadera identidad y los líderes con identidad captan y operan bajo esta realidad.

Claves del liderazgo con identidad

- El liderazgo no está exento de estrés. Por lo tanto, necesitas aprender a manejarlo de manera saludable. Además, enfócate en mejorar tus habilidades de comunicación y date tiempo para crecer en tu función como líder.

- Los líderes con identidad tiene la capacidad de tomar decisiones impopulares. Le aportan valor a su organización impulsando el rendimiento y sacando lo mejor de todos. Son capaces de aceptar críticas y crecen a partir de ellas, generando los resultados que desean obtener.

- La inteligencia emocional es un ingrediente clave en el liderazgo. Una persona con alto nivel de IE sabe expresar y controlar sus emociones, mantener buenas relaciones y ser hábil generando e implementando ideas, decisiones y resolviendo problemas.

- Los nueve principios del liderazgo con identidad incluyen respeto, autoadministración, autodesarrollo, autorresponsabilidad, autoconsciencia, autoeficacia, autoaprendizaje, automotivación y autoempoderamiento.

- Entre las claves para desarrollar habilidades de liderazgo se encuentran estas ocho: habilidad para comprender tu identidad, para desarrollar tu IE, para evaluarte honestamente, para ser transparente y abierto en las relaciones, para enfocarte en las metas del equipo, para estar dispuesto a hacerles frente a tus responsabilidades, para adaptarte al cambio y seguir siendo auténtico.

CAPÍTULO 7

Alcanzando todo tu potencial como líder

La mayor oportunidad de hoy
—y es bastante amplia— está en el liderazgo.

Incluso después de obtener una Maestría en Educación, yo no estaba seguro de lo que quería hacer con mi vida. No sabía cómo responder a esas tres preguntas planteadas anteriormente, que son tan cruciales en nuestra vida y que todos tenemos que responder: *¿Quién soy yo? ¿Hacia dónde voy? ¿Cómo voy a llegar allá?*

Terminé trabajando en una serie de empleos que no eran muy satisfactorios, ni me hacían sentir feliz. En cambio, sí estaba rodeado de mucha gente que sí se sentía realizada en su trabajo, que estaba enfocada en su desarrollo propio y que era independiente en su manera de pensar. Entonces, me di cuenta que estaba perdiendo el tiempo. Veía, crudamente, la diferencia entre aquellos que tienen un propósito y quienes no lo tienen. Así que me di a la tarea de descubrir el mío y averiguar qué era aquello que realmente me importaba y cómo haría para estructurar mi vida en torno a eso.

Pero es mucho más fácil decirlo que hacerlo. Suele llevar un largo tiempo lograrlo. Por lo menos, ese fue mi caso.

Esto fue a mediados de la década de 1980, durante mis primeros años de mi relación con Oprah. Ella era feliz, amaba su vida y tenía éxito. Yo quería encontrar esa misma felicidad y tener ese mismo éxito en mi carrera. Al principio, pensé que a lo mejor sería en el negocio de la ropa. Entonces, trabajé en una tienda de ropa, pero descubrí que no me gustaba hacer eso. Lo que me gustaba era estar rodeado de gente, relacionarme y conocer gente. Soy una persona muy sociable. Entonces, encontré trabajo en el campo de las relaciones públicas, el marketing y la publicidad y estuve allí durante un tiempo. Me agradaba la parte del contacto con la gente. Eso era lo que más disfrutaba, pero no tanto el aspecto técnico que era parte de mi labor.

El hecho es que, durante este proceso, estuve aprendiendo acerca de mí mismo, de lo que en realidad me importaba, de lo que me gustaba y no me gustaba hacer y cuáles eran mis fortalezas y debilidades. De manera lenta, pero segura, estaba refinando mi búsqueda hasta llegar a comprender cuál era la esencia de mi identidad y cuál mi propósito.

A medida que avanzaba, comprendí que tanto la búsqueda de identidad en la que me encontraba, como mi propósito en la vida, junto con el proceso por el cual yo estaba pasando, no eran algo que ocurría solo en mi vida. Más bien, era algo por lo que todos pasamos y necesitamos pasar. Y este impulso que sentí por compartir con otros esta realidad —la de ser la persona que en realidad soy, deseando ayudarles a otros a alcanzar su potencial— empezó a crecer en mí.

Con el tiempo, entendí que aquello por lo que yo estaba pasando en ese momento era por un proceso de autoactualización. Estaba descubriendo mi propósito principal y mi pasión en la vida, y decidí —más bien, *comprendí*— que necesitaba compartir con otros todo eso que estaba aprendiendo con mi propia existencia. *Eso* era lo que de verdad me apasionaba: ayudarles a los demás a autoactualizarse, mostrándoles cómo maximizar su potencial como seres humanos y apoyándolos en el cumplimiento de sus sueños y sus aspiraciones.

Fue un largo proceso de un año, pero al final estuve listo para responder esas tres preguntas: *¿Quién soy yo? ¿Hacia dónde voy? ¿Cómo voy a llegar allá?*

De ese autoconocimiento nació mi libro *You Can Make It Happen: A Nine-Step Plan for Success,* se estableció mi negocio y, lo que es más importante, tuve claro en qué consistía mi misión — por qué y para qué fui puesto en esta tierra.

El poder de la autoactualización

El sicólogo estadounidense Abraham Maslow, mejor conocido por su jerarquía de la teoría de las necesidades y reconocido por su trabajo en la motivación humana y en la sicología del desarrollo, afirmó: "Un músico debe hacer música, un pintor debe pintar, un poeta debe escribir si, después de todo, eso es lo que lo hace sentirse en paz consigo mismo[15]".

En otras palabras, nacemos con deseos y habilidades innatos que nos brindan satisfacción a medida que los desarrollamos. Por ese motivo, los músicos, los pintores y los poetas están en paz cuando hacen música, pintan y escriben. Es por eso que un médico se siente bien cuando está diagnosticando o dándoles tratamiento a enfermedades y dolencias. Esa es la misma razón por la que un mecánico de automóviles se siente en su campo de acción cada vez que está arreglando un auto; por la cual a un consejero académico se siente satisfecho cuando está ayudándole a un estudiante. Eso es para lo que ellos nacieron, para lo que son buenos y es lo que les trae alegría. Eso es, como diría Maslow, lo que ellos necesitan hacer. Así es como él describió la autoactualización:

"Lo que un hombre puede ser, debe serlo. Y a esta necesidad la llamamos autoactualización[16]".

Además, es a donde ellos pertenecen. A donde todos pertenecemos: al camino hacia la actualización. Porque esta no es un destino; es un viaje. Es un proceso continuo de desarrollo, usando nuestras habilidades, que está avivando ese fuego que yace dentro de nosotros, que nos mantiene en camino hacia el desarrollo de nuestro potencial, alertas en cuanto a las posibilidades que surjan a nuestro alrededor, que nos ayudará a alcanzar nuestra meta. Es encontrar formas de expandir nuestras capacidades, nutrirlas, fortalecerlas, implementarlas, cultivarlas, usarlas y dárselas a conocer al mundo.

Thomas Edison, siendo dueño de las más de 1.000 patentes de sus invenciones, manifestó lo siguiente acerca del potencial: "Si hiciéramos todas las cosas que somos capaces de hacer, literalmente, nos asombraríamos". Quienes andan por el camino de la autoactualización no solo se asombran a sí mismos; también asombran a quienes los rodean. Asombran al mundo en el que viven, porque logran grandes cosas y lideran de maneras poco comunes.

Cuando eres un líder autoactualizado, el mundo se te abre como nunca antes. Y los mejores líderes con identidad son aquellos que están cada vez más encaminados hacia la autoactualización.

Cuando eres autoactualizado, el mundo se te abre como nunca antes. Y los mejores líderes con identidad son aquellos que están cada vez más encaminados hacia la autoactualización.

"Al final, es importante recordar que no podemos convertirnos en quienes necesitamos ser si permanecemos siendo lo que somos".

—MAX DE PREE

Definiendo autoactualización

Autoactualización es un término elegante que se usa para referirse a realizar o desarrollar tu potencial. Es un impulso innato que todos tenemos. Al definir este término, Maslow afirmó que la gente que se autoactualiza:

- Está en el proceso continuo de desarrollar su potencial, capacidad y talento.

- Siempre está avanzando hacia el cumplimiento de su misión o destino personal.

- Tiene un conocimiento más completo y una mayor aceptación de sus características intrínsecas.

- Se mueven hacia la unidad o integración de su vida.

Profecía cumplida de la autoactualización y de la realización propia

La profecía de la autorrealización es una predicción que se hace realidad de manera directa o indirecta, debido a la profecía misma. El sociólogo Robert Merton, quien acuñó esta frase, definió la profecía de la realización propia como una tesis inicialmente falsa de una situación determinada que evoca un comportamiento que hace que esa falsa tesis se convierta en una realidad.

Entonces, el concepto de autoactualización es central para el tema de este libro: desarrollar todo tu ser y todo tu potencial. Esos son los rasgos de identidad del líder con identidad.

Jerarquía de las necesidades según Maslow

En 1943, Abraham Maslow publicó en *Psychological Review* un artículo titulado "Teoría de la motivación humana". En él detalló su jerarquía de las necesidades (por lo general, representada en una pirámide que, irónicamente, él nunca mencionó, ni usó en su trabajo sobre este tema). Maslow categorizó cinco tipos de necesidades, en el orden en que más se cumplen: fisiológica, seguridad, amor y sentido de pertenencia, autoestima y autoactualización.

A modo de ilustración, él afirmó que una persona podría tener los siguientes porcentajes en lo referente al nivel de satisfacción de esas necesidades: 85% en cuanto a sus necesidades fisiológicas, 70% en lo que tiene que ver con su seguridad, 50% en sus necesidades en el área del amor y el sentido de pertenencia, 40% en sus necesidades concernientes a la autoestima y el 10% en lo que se refiere a sus necesidades de autoactualización. (Es por eso que las necesidades fisiológicas están en la base de la pirámide que alguien construyó; esas necesidades son más saciadas que todas las demás).

Maslow desglosó estas cinco necesidades en dos categorías: necesidades básicas (fisiológicas y de seguridad) y necesidades de crecimiento (amor y sentido de pertenencia, autoestima y

autoactualización). Además, afirmó que es solo cuando hemos saciado nuestras necesidades básicas que podemos seguir adelante y satisfacer nuestras necesidades de crecimiento.

Satisfacer las necesidades en cada nivel es un requisito previo para pasar al siguiente nivel. Por eso, es muy raro que las personas no se preocupen por satisfacer sus necesidades de autoactualización; pareciera como si la gente no tuviera tiempo de trabajar en esa área, debido precisamente a que sus necesidades aún no han sido satisfechas en los otros cuatro niveles.

12 características de la gente autoactualizada

En sus estudios sobre la autoactualización —teniendo en cuenta que él usó a Albert Einstein, Harriet Tubman, Abraham Lincoln, Eleanor Roosevelt, Jane Addams, Thomas Jefferson y a muchos otros como modelos de líderes autoactualizados— Maslow encontró estos rasgos comunes [17]:

1. **Le dan la bienvenida a lo desconocido.** No se sienten amenazados por ello; de hecho, a menudo les intriga lo desconocido.

2. **Se conocen y se aceptan a sí mismos.** Ellos conocen sus fortalezas y aceptan sus debilidades.

3. **Saben que se trata del viaje, no del destino.** Disfrutan del viaje en sí mismo.

4. **Suelen ser poco convencionales y no presionan sobre cuestiones sin importancia.** Si no hay grandes problemas en juego, no se obsesionan en medio de discusiones, ni en combatir asuntos convencionales. Tienen la capacidad de dejar ir ese tipo de cosas.

5. **Están enfocados en el crecimiento.** No se centran en sus necesidades básicas, sino en las relacionadas con el crecimiento y el desarrollo personal.

6. **Tienen un propósito.** Están enfocados en una misión, en algo más grande que ellos mismos. Su propósito no es personal, sino desinteresado y ligado al bien mayor de la humanidad.

7. **No les preocupan las pequeñas cosas.** Permanecen centrados en el panorama general, en su propósito.

8. **Se sienten agradecidos.** Saben identificar y apreciar sus bendiciones y las buenas cosas de la vida. Mantienen su asombro con respecto al mundo y sus posibilidades.

9. **Tienen relaciones profundas.** Suelen tener más profundas relaciones interpersonales que otros. También sienten una empatía más profunda por la raza humana y actúan con benevolencia y cariño hacia los demás.

10. **Son humildes.** No están llenos de orgullo. Más bien, buscan aprender de otros, reconociendo que tienen mucho por aprender.

11. **Toman sus propias decisiones.** No se dejan llevar por la cultura, ni por la opinión popular, ni por cualquier otra cosa. Más bien, tienen sus propios criterios, sabiendo que son responsables de su propio destino.

12. **No son perfectos.** Son, después de todo, ¡humanos! Los líderes autoactualizados también tienen defectos y deficiencias, así como grandes cualidades.

Es importante recordar este último rasgo, porque los 11 anteriores pueden hacer que la gente autoactualizada parezca muy cercana a la gente perfecta, casi de una raza de súper humanos. Y este no es el caso. Ellos, simplemente, son personas que han avanzado en el camino de obtener el máximo de sus capacidades, entendiendo su propósito y retribuyendo a la sociedad a medida que viven ese propósito.

> "Un ganador es un soñador que nunca se rinde".
> —NELSON MANDELA

El líder autoactualizado

A medida que avanzas en tu viaje de actualización, te conviertes en un mejor líder. Después de leer sobre su poder y acerca de cuáles son las características de la gente autoactualizada, esta debería ser una premisa fácil de entender.

Los líderes autoactualizados están en esta labor por el bien común. Son perceptivos con relación a la gente que está bajo su liderazgo y perspicaces cuando se trata de cómo ayudarle a crecer a su equipo de trabajo. No se sienten reprimidos por etiquetas, opiniones, miedos, fracasos, ni por cualquier otra cosa. Tienen una actitud saludable con respecto a sí mismos, de otros y de su lugar en el mundo.

Los líderes con identidad siempre están en función de desarrollar sus habilidades. Siguen avanzando hacia su máximo potencial, independientemente de su posición en la vida o de sus circunstancias. Y a medida que lo hacen, mejoran sus habilidades de liderazgo y ascienden dentro de su organización, debido al enorme valor que le aportan.

Los líderes con identidad siempre están en función de desarrollar sus habilidades. Siguen avanzando hacia su máximo potencial, independientemente de su posición en la vida o de sus circunstancias. Y a medida que lo hacen, mejoran sus habilidades de liderazgo y ascienden dentro de su organización, debido al enorme valor que le aportan.

Martin Luther King Jr.:
Un hombre autoactualizado

Martin Luther King Jr. es un gran ejemplo de un hombre autoactualizado. Quizás, es el líder de los derechos civiles más grande que haya conocido la Historia de los Estados Unidos. King encarnaba muchas de las características de una persona autoactualizada. Tenía un propósito y ese propósito estaba ligado al bien mayor de la humanidad. Amaba lo desconocido. No se dejaba influir por opiniones basadas en la cultura, ni en la opinión popular. Era humilde. Avanzó implacablemente hacia su destino. Era bastante expresivo. De hecho, tenía un sueño y ese sueño era más grande que él.

Organizó boicots de autobuses y protestas no violentas. Ayudó a organizar la marcha de 1963 a Washington, donde pronunció su famoso discurso "Tengo un sueño". Fue galardonado con el Premio Nobel de Paz, en 1964, y después de ser asesinado en 1968, fue galardonado póstumamente con la Medalla Presidencial de la Libertad y con la Medalla de Oro del Congreso.

King operaba al nivel del concepto de autoactualización descrito por Maslow. Sin ser autoactualizada, sería literalmente imposible para una persona lograr lo que él logró y vivir la vida que él vivió. King estaba viviendo su vida al máximo y el hecho de que haya sido asesinado a tiros en el mejor momento de su vida no disminuye el mérito de lo que él logró, ni de cómo lo logró.

"Las víctimas sacan excusas. Los líderes entregan resultados".
—ROBIN SHARMA

Avanzando hacia la autoactualización

Maslow dijo que los seres humanos estamos programados para la autoactualización. Eso es importante de entender. La autoactualización no es para un súper conjunto de líderes de élite. Es para todos. Maslow afirmó: "Pienso en el ser humano autoactualizado no como en alguien del común con un valor agregado, sino más bien como alguien común y corriente a quien no se le ha quitado nada"[18].

Entonces, como fuimos creados naturalmente, por defecto, nos movemos hacia la autoactualización. Esa es la buena noticia. Y la mejor noticia es que, más adelante en este libro, te guiaré a lo largo de todo el proceso de autoactualización, cuando llegues a mi propuesta de los nueve pasos del proceso para alcanzar el éxito. A través de él, construirás tu propio plan de liderazgo con identidad.

Pero antes que llegues a ese punto, quiero compartir contigo algunos conceptos con respecto a ciertas claves para avanzar en el camino hacia la autoactualización. A continuación, encontrarás ocho claves para desarrollar todo tu potencial:

1. **Mide tu progreso comparándote contigo mismo, no con los demás.** La autoactualización, como su nombre lo indica, no tiene nada que ver con otra gente. Se trata de tu desarrollo. El hecho de que midas más alto o más bajo que otros no tiene ninguna importancia. Lo que importa es en qué punto te encuentras en el camino a desarrollar tu potencial y tus propias habilidades.

2. **Recuerda que estás en control de tu desarrollo.** No esperes que otros estén a cargo de tu desarrollo. Sé proactivo. Toma el control de tu propio destino. Ciertamente, habrá otros en el camino —hablaremos más de eso en el capítulo final—, pero ten presente que tú eres el responsable de

desarrollarte 100% como líder con identidad al convertirte en una persona autoactualizada.

3. **Sigue creciendo.** Los mejores líderes con identidad nunca dejan de aprender y crecer. Necesitas seguir creciendo, porque nuestro mundo cambia cada vez más rápido. Los líderes con identidad entienden que el viaje nunca termina y que de lo que se trata es del viaje —no del destino—. Los mejores líderes son los mejores aprendices.

4. **Vive el momento.** Sí, los líderes tienen que mirar hacia el futuro, pero viven en el presente. A veces, las grandes oportunidades surgen en nuestro camino y nos las perdemos, porque estamos insistiendo en un error pasado o preocupados o planeando el futuro. Así que mantén tus ojos abiertos. Absorbe todo lo que suceda a tu alrededor. Baja tus defensas, tus demandas, tu postura. Podrías sorprenderte de lo que descubras por el camino.

5. **Sé consciente de las opciones que tienes frente a ti.** Maslow dijo que durante todo el día tomamos decisiones, ya sea en pos de nuestra autoactualización o en busca de nuestra seguridad, de lo conocido o para alejarnos del miedo. Por lo tanto, procura tomar decisiones que contribuyan a tu crecimiento y asegúrate de no truncarlo.

6. **Sé honesto contigo mismo y con los demás.** No hay necesidad de que trates de impresionar a la gente de tal modo que parezcas alguien que no eres. Cuanto mejor te conozcas a ti mismo, más cómodo te sentirás en tu propia piel, más fácil te será mostrar tu verdadero yo, ser tu verdadero yo, sin sentir que tienes que disculparte por defender tus pensamientos y sentimientos.

7. **Prepárate para experiencias máximas.** Estas experiencias cumbre acelerarán tu crecimiento y desarrollo y ocurrirán

cuando te abras a situaciones en las cuales pongas a funcionar tu mayor potencial. Entonces, si eres escritor, te prepararás para experiencias máximas asistiendo a conferencias en las que conozcas a los tipos de escritores, agentes y editores que estén en las condiciones más aptas para ayudarte a crecer; también te recomiendo hacer networking con ese mismo propósito; participa activamente en organizaciones profesionales de redacción; y así en cada campo de acción. El hecho es que, en aras de crecer, necesitarás la mejor actitud posible.

8. **Sigue avanzando hacia tu destino.** Cuando haces todas las otras cosas en esta lista —cuando te concentras en tu progreso y desarrollo, cuando estás aprendiendo continuamente, cuando estás abierto a las oportunidades del presente, cuando tomas decisiones diarias que te sirven para tu autoactualización, cuando te sientes cómodo y eres honesto contigo mismo, y cuando experimentas un crecimiento óptimo—, avanzas hacia tu destino. Y cuando te mueves hacia tu destino, te estás volviendo cada vez más actualizado y estás creciendo como líder con identidad.

Durante todo el día tomamos decisiones, ya sea en pos de nuestra autoactualización o en busca de nuestra seguridad, de lo conocido, lejos del miedo. Por lo tanto, procura tomar decisiones que contribuyan a tu crecimiento y asegúrate de no truncarlo.

La relación entre el miedo y el potencial

Algunos tienen la idea errónea de que los grandes líderes operan fuera de los límites del miedo y que, por alguna razón, el miedo no los toca. Piensan que es lógico que, si ellos experimentaran miedo, no servirían como líderes.

Pues esta idea, simplemente, no es válida. Por supuesto que los líderes experimentan miedo. Después de todo, son seres humanos, ¿verdad? Lo que ocurre es que los grandes líderes no dejan que el miedo les impida hacer lo que ellos estén llamados a hacer.

Con más frecuencia de la que cualquiera piensa, los líderes afrontan situaciones que los hacen sentir miedo o inquietud, porque siempre están aprendiendo, ampliando sus límites, resolviendo problemas, explorando y asumiendo riesgos. Y en medio de estas circunstancias, proliferan las incógnitas que los llevan a experimentar este tipo de sentimientos. Lo que ocurre es que ellos saben cuándo y cómo afrontarlos y sobreponerse a sus emociones, porque también saben que, al otro lado de esos miedos e inquietudes, hay más crecimiento y desarrollo.

Por consiguiente, nunca permitas que ni el miedo, ni ningún sentimiento negativo te impida alcanzar tu máximo potencial.

Aprovechando todo tu potencial

La autoactualización es el viaje que tú emprendes para aprovechar al máximo todo tu potencial. Se trata de un aprendizaje y un crecimiento continuos, de ampliar tus fronteras, de adquirir nuevas habilidades y mejorar las que ya tienes y de crecer en tus habilidades de liderazgo.

Para liderar con eficacia —primero tú y luego otros— tienes que estar en constante movimiento hacia tu máximo potencial. Este es un objetivo en movimiento, porque tu potencial aumenta a medida que creces y desarrollas tus habilidades. Y a medida que este aumenta, se multiplican tus habilidades de liderazgo con identidad. Es un proceso vigorizante que mantiene tu vida interesante y plena y que te brinda satisfacción a medida que disfrutas haciendo lo que mejor sabes hacer y que, como es apenas obvio, aumenta tu esfera de influencia a medida que pules cada vez más tus habilidades.

Así que sigue aprovechando todas las oportunidades que tengas para crecer, sigue por ese camino de la autoactualización, porque te ayudará a vivir tu vida al máximo y a perfeccionar las habilidades del liderazgo con identidad que necesitas para tener éxito en tu vida profesional y personal.

Claves del liderazgo con identidad

- La autoactualización no es un destino. Es un viaje. Es un proceso continuo de desarrollo y de uso de nuestras habilidades. Es avivar ese fuego dentro de nosotros que nos motiva a avanzar hacia nuestro potencial y nos mantiene alertas a las posibilidades que nos rodean y que nos ayudarán a alcanzar nuestras metas. Es encontrar formas de expandir nuestras capacidades, de nutrirlas, fortalecerlas, utilizarlas, cultivarlas y mostrárselas al mundo.

- *Autoactualización* es un término elegante para darle valor y uso a tu potencial. Es un impulso innato que todos tenemos. Esto significa que el concepto de autoactualización es fundamental en el tema de este libro: desarrollar todo tu ser y todo tu potencial, rasgos propios de líder con identidad.

- Si te enfocas en tu autoactualización, en comprender y alcanzar tu potencial y en desarrollar tus habilidades, cubrirás todas las necesidades de la jerarquía de necesidades de Maslow: fisiológicas, seguridad, amor y sentido de pertenencia y autoestima.

- Los líderes autoactualizados son los mejores líderes, por muchas razones: no se ven frenados por las etiquetas, siempre están desarrollando sus habilidades, les ayudan a otros a crecer y tienen una actitud saludable sobre sí mismos y sobre su lugar en el mundo.

- La autoactualización está directamente relacionada con el liderazgo con identidad, porque es el viaje que emprendes para aprovechar al máximo tu potencial.

CAPÍTULO 8

La historia en nueve pasos

Da pequeños pasos y tu impulso aumentará.

E n 1997, publiqué mi libro *You Can Make It Happen: A Nine-Step Plan for Success.* Mucha agua ha pasado por debajo del puente desde ese entonces. Sin embargo, esos pasos han resistido la prueba del tiempo. Son tan fuertes y relevantes hoy como lo fueron hace 20 años. Este libro se convirtió en un *bestseller* de *The New York Times*, al igual que una serie dirigida a los adolescentes llamada *Teens Can Make It Happen.* Los mismos pasos que se aplican a los adultos aplican a los adolescentes. Esa es parte de la belleza y de la eficacia de estos pasos.

Cuando los observas (ingresa en la barra lateral *The Nine Steps),* te das cuenta que hay un patrón en ellos, un orden en cuanto a la manera en que se van dando. Hay un flujo lógico y una conexión entre ellos. Funcionan como Slinky, ese resorte de juguete flexible que puede bajar las escaleras por sí mismo. Un paso sigue al otro y así sucesivamente hasta que completas todos los pasos. El hecho es que estos nueve pasos tienen una claridad y una simplicidad que hace que la gente diga: "¡Sí! ¡Eso tiene sentido!".

Lo curioso es que ese flujo lógico y esa simplicidad llevan a la gente a creer que todo encajó fácilmente en mi vida, que estos nueve pasos se me ocurrieron en medio de una noche inspiradora. Eso habría sido muy bueno, pero no fue así como sucedió.

La realidad es que se fueron dando lentamente. Y a veces, hasta dolorosamente. Ellos no fueron el resultado de una inspiración momentánea, sino de meses y años tratando de hacerme un nombre, de comprender mi propia identidad y propósito, de superar algunos obstáculos importantes en el camino.

Construirlos fue un proceso, un viaje. Permíteme compartirte algo de ese viaje.

Los nueve pasos

1. **Verifica tu identificación.** Antes que decidas qué hacer en la vida, primero, debes entender quién eres, qué influye en ti y por qué piensas y actúas como lo haces.

2. **Crea tu visión.** Tu visión es el destino de tu vida. Una visión bien definida te ayuda a trazarte metas alcanzables. Por lo tanto, diseña un futuro poderoso basado en posibilidades y no en circunstancias.

3. **Desarrolla tu plan de viaje.** Si vas a cumplir tu visión de llevar una vida cada vez mejor, debes crear un plan de acción. Trabajando hacia metas a través de un sólido plan de acción basado en tu identidad, aprenderás a valorar el poder y la infinidad de posibilidades que hacen parte de tu vida.

4. **Aplica las reglas que pusiste para andar tu camino.** Las pautas te mantienen en la ruta que te trazaste a medida que te involucras en la búsqueda de una vida mejor. Aprende a utilizar el poder positivo que hay en la honestidad, el trabajo duro, la determinación y en otros valores sólidos

que te guíen en tu viaje hacia el cumplimiento de tus sueños.

5. **Rebasa los límites exteriores.** Para crecer, tienes que dejar tu zona de confort, confrontar tus miedos y asumir riesgos. Aprende a sobreponerte a ellos y salte de todo lo que te resulte cómodo y familiar.

6. **Afronta el cambio.** Si sigues haciendo lo que siempre has hecho, seguirás obteniendo los mismos resultados. Mejor será que aprendas a generar cambios y, lo que es más importante, cómo manejar tu actitud hacia ellos.

7. **Construye el equipo de tus sueños.** Nadie logra sus metas solo. Interésate en construir relaciones de apoyo que te ayuden a encaminarte hacia tus metas. Aprecia el valor de la confianza y la importancia de ser digno de ella.

8. **Gana por decisión propia.** Quien eres en este mundo es en gran parte el resultado de las decisiones que has tomado en el pasado. Si aprendes a tomar las decisiones más adecuadas para tu futuro, estarás preparándote para tener éxito.

9. **Comprométete con tu visión.** Cuando le dedicas tiempo y energía a la consecución de tus objetivos y a tu visión, descubres que el compromiso es un rasgo no negociable que, cuando los renuevas a diario, te impulsa hacia tu sueño.

"No soy producto de mis circunstancias. Soy producto de mis decisiones".

—STEPHEN R. COVEY

El viaje de los nueve pasos

Lao Tse, el gran filósofo chino, dijo que un viaje de 1.000 millas comienza con un paso. Mi propio viaje para desarrollar el proceso que en determinado momento se conoció como el proceso de los nueve pasos hacia el éxito comenzó con mi deseo de darle una marca a mi negocio de marketing deportivo para distinguirlo de otros en medio de un mercado abarrotado. El marketing deportivo fue y sigue siendo una industria enorme. En 2017, el gasto anual de las empresas en publicidad deportiva en los Estados Unidos fue de casi $38 billones de dólares. Se estima que el mercado global de los deportes tiene un valor de entre $600 billones y $700 billones de dólares al año. Su crecimiento supera el crecimiento del PIB de la mayoría de los países. Así que comprenderás qué tan enorme es la necesidad de desarrollar la marca que identifique con total claridad quién eres y lo que tienes para ofrecer.

Antes de comenzar mi propio negocio de marketing deportivo trabajé para B&C Associates, una firma de consultoría de gestión empresarial a nivel global ubicada en Carolina del Norte. Bob Brown, la razón de la B de B&C y fundador de la empresa, es un gran hombre y un gran líder. Tuve el privilegio de que él me asesorara y aprendí mucho sobre cómo operar en los negocios, cómo construir relaciones, cómo tomar decisiones, cómo administrar mi tiempo y mis talentos, cómo proyectar mi visión… la lista de todo lo que aprendí con él podría seguir y seguir.

La importancia de la marca

Una de las lecciones que Bob me enseñó fue la importancia de tener una marca. B&C tiene una sólida reputación a nivel mundial en consultoría de gestión empresarial. Es una firma confiable y respetada y sabes qué esperar de ellos como empresa. Sabes qué es lo que ellos valoran, cómo te tratarán y lo que pueden hacer por ti. Tienes certeza del valor que ellos le aportarán a tu vida.

Y todo eso era justo lo que yo quería para mí y para mi nueva empresa de mercadeo en los deportes. Quería que los clientes supieran quién era yo, qué podían esperar de mí y lo que mi empresa haría por ellos. Entonces, cuando comencé a pensar en construir mi propia marca, hice muchas investigaciones. Me dediqué a estudiar a IMG, la empresa enfocada en deportes, eventos y gestión de talento a nivel global. IMG es un emprendimiento de gran éxito, fundado por Mark McCormack, a quien tuve el gusto de conocer (ya falleció). IMG tiene una marca sólida y distintiva, y aunque mi marca sería diferente, lo cierto es que aprendí mucho de esa empresa. También estudie algunas otras organizaciones exitosas, examinando sus enfoques para tener éxito en el mercado y determinar cuál era su marca y, en la medida de lo posible, saber cómo la construyeron.

Dos momentos ¡ajá!

Lo que aprendí durante mis investigaciones fue esto: todas estas empresas exitosas contaban con sistemas que maximizaban la capacidad de sus empleados —y del potencial de la empresa—. Cada sistema fue construido alrededor de una esencia consistente en la principal fortaleza o propósito de esa empresa. Todo fluía a partir de esa esencia y todo estaba conectado a ella.

También descubrí algo igual de significativo y es el hecho de que no importaba si era una empresa global o regional o local, si contaba con 50.000 o con cinco empleados. El hecho es que tendría éxito si tenía una marca distintiva, una identidad empresarial que fuera su carta de presentación en el mercado, además de sistemas establecidos alrededor de su esencia.

Ese fue un momento "¡ajá!" para mí. El darme cuenta de que no tienes que ser una corporación multinacional o una marca bien establecida para lograr tener éxito. No es el tamaño de la empresa lo que importa. Es el impacto que ella causa. Comprendí que una pequeña empresa puede tener un gran impacto. De hecho, las pequeñas empresas representan casi las tres cuartas partes de todos los trabajos que hay en los Estados Unidos y producen 13 veces más patentes que las empresas más grandes. Esa es la razón por la cual hay más de 25 millones de pequeñas empresas en este país.

Pero tuve otro momento "¡ajá!" aún más importante a medida que seguí aprendiendo sobre cómo hacer para acreditar mi empresa y hacerla crecer con éxito. Este fue el momento en que me di cuenta que el enfoque del sistema que estaba descubriendo en las grandes empresas exitosas es aplicable tanto a individuos como a pequeñas empresas.

Me di cuenta que el enfoque del sistema que estaba descubriendo en grandes empresas exitosas es aplicable tanto a individuos como a pequeñas empresas.

En otras palabras, comprendí que esto de la marca era algo que no solo tenía que ver con el campo de los negocios, sino que funciona en todas las áreas de la *vida* —que se trata de una distinción útil en el trabajo o en el juego, en la comunidad o a nivel familiar, que tiene que ver con tus aficiones y también con tus pasiones—. Es un enfoque —que en determinado momento se convirtió en los nueve pasos— que abarca tus ires y venires, tu despertar y tu dormir, tu hoy y tu mañana. Lo abarca todo.

Porque así como las empresas crean marcas, las personas también.

Influencia de Stephen Covey

Conocí a Stephen Covey, el autor del muy popular libro *Los 7 hábitos de las personas altamente efectivas,* en una conferencia a finales de la década de 1980. Me invitó a un seminario que estaba dando en el Sundance Resort, cerca de Provo, Utah. Stephen era un hombre brillante y un gran conferencista, educador y empresario. Era una persona orientada en los procesos y en este seminario presentó principios sobre el desarrollo organizacional. Su contenido me pareció fascinante, porque era eso lo que yo necesitaba escuchar.

Stephen y yo entablamos una buena amistad y él se convirtió en mi mentor. Cuando yo estaba en la zona Oeste, pasaba tiempo con él y cuando él estaba en Chicago también nos reuníamos.

Stephen fue una inspiración para mí. Siempre me animó y fue mi modelo a seguir y todavía ocupa un lugar especial en mi corazón. Podía hablar con él sobre este tipo de temas. En mi opinión, él era el mejor en su industria. No había ninguno mejor cuando se trataba del tema sobre el desarrollo del potencial humano. Le estaré eternamente agradecido por impulsarme a ir cada vez más lejos en mi viaje hacia descubrir el proceso que funcionaría en mi vida — proceso que ahora estoy compartiendo contigo en este libro.

Motivados al cambio

El caso es que seguí trabajando en estas ideas mientras exploraba lo que significaría para mí generar un sistema o proceso que funcionara tanto para mi negocio como para mí. Sabía que tenía algo entre manos, pero me tomó un tiempo ver con exactitud lo que era. Sin embargo, me sentía motivado en varios sentidos con respecto a pasar por este proceso, sabiendo que, una vez identificara con exactitud de lo que se trataba, podría usarlo para guiar mi carrera y me serviría para establecer mi negocio.

Ahora, es un hecho que, cuando nos sentimos cómodos en la vida, no estamos motivados a cambiar. Estamos bien con el statu quo. ¿Por qué arreglar lo que no está roto, verdad? Pero cuando experimentamos malestar, cuando las cosas en nuestra vida no van bien, cuando se nos impide alcanzar nuestras metas, cuando nos sentimos frustrados y no vivimos la vida que queremos vivir, entonces, tenemos toda la motivación necesaria para hacer cambios.

Etiquetado por el color de la piel y por las circunstancias

En la década de 1980, cuando me encontraba reflexionando sobre todo esto, y comenzando nuevas empresas y fundaciones, quería cambiar. Francamente, estaba cansado de ser etiquetado. La raza es y siempre ha sido un gran problema en los Estados Unidos. Es terrible y ridículo que las personas sean marginadas por el color de su piel.

Tengo dos hermanos con discapacidad mental. Y en un pequeño pueblo, eres conocido no solo por quién eres, sino también por quién es tu familia. Así que tuve que luchar con problemas de autoestima e identidad desde muy temprano en mi vida. La autoestima y la identidad son aspectos gigantescos para muchas personas —para muchos, son insuperables—. Algunos hasta dejan de intentar trabajar en estas áreas de su vida, porque afrontarlas implica enfrentar problemas demasiado abrumadores.

Etiquetado por la relación

Luego, en 1986, comencé una relación con Oprah, quien se convertiría en una de las personas más famosas del mundo. Siempre he sido una persona reservada. Amo a la gente. Me encanta relacionarme con las personas, ver el potencial que hay en ellas y ayudarlas a construir su vida y a ser todo lo maravillosas que fueron destinadas a ser. Sin embargo, no me agrada que mi vida personal sea exhibida frente al mundo, pero así es como los tabloides ganan dinero, así que, durante décadas, mi relación con Oprah ha sido discutida, sensacionalizada y distorsionada en la prensa, todo con el propósito de vender periódicos.

En otras palabras, ahí me encontraba yo, buscando mi propia identidad, tratando de establecer mi negocio y mi carrera y, de repente, mi imagen estaba en las portadas de los tabloides, en los quioscos de los supermercados. Y las historias dentro de esos periódicos estaban definiendo quién sería yo para el mundo. Como quien dice, ya tenía mi propio dolor al cual curar antes de que pasara todo eso —que solo le estaba agregando leña a mi fuego.

También le agregó tensión a mi proceso. Me hizo querer que las cosas me salieran más rápido, porque odiaba las etiquetas y las mentiras que los medios estaban usando para presentarme al mundo. Yo sabía que tenía que definirme, así que redoblé mis esfuerzos para lograrlo.

Dos claves: persistencia y optimismo

Dos aspectos de mi carácter me ayudaron mucho: que no soy un desertor y que soy una persona que suele ver el vaso medio lleno. Desde cuando fui deportista hasta llegar a la universidad y más allá de ella, viví muy motivado por lograr mis objetivos y por el hecho de mostrarles a quienes no creían en mí todo lo que yo era capaz de hacer. Pues bien, todavía hoy, sigo teniendo la tenaz determinación de lograr los objetivos que me propongo. Voy tras ellos sin descanso y por más difíciles que sean. Cuanto más difíciles, más satisfacción siento cuando los consigo.

Es indudable que mi mentalidad positiva me ayudó inmensamente a superar los que, de otra manera, habrían sido tiempos muy oscuros. Cuando era más joven, y a medida que luchaba con mi autoestima, en el fondo, siempre creí en mí mismo. Siempre supe que valía algo, así como todos los seres humanos valen algo. Tener esa perspectiva positiva me ayudó a creer en mí mismo, en que mejores cosas ocurrirían más adelante, en que encontraría la manera de convertirlas en realidad. Oía esta voz dentro de mí que me repetía: *"Encontrarás la manera de lograrlo"*.

Pensar que puedes lograrlo es el primer paso, y el más crítico, para realmente lograrlo. La diferencia entre una perspectiva positiva y una negativa es la diferencia entre un ático y un penthouse, entre un príncipe y un mendigo, entre un vencedor que toma riesgos y un adicto al sofá y a la televisión, entre un campeón y un no participante —que es peor que ser un perdedor, porque el perdedor, por lo menos, lo intentó.

La diferencia entre una perspectiva positiva y una negativa es la diferencia entre un ático y un penthouse, entre un príncipe y un mendigo, entre un vencedor que toma riesgos y un adicto al sofá y a la televisión, entre un campeón y un no participante —que es peor que ser un perdedor, porque el perdedor, por lo menos, lo intentó.

Poniéndote en forma

Los nueve pasos se fueron formando con el tiempo, a medida que continué trabajando en ese proceso que fue relevante para el crecimiento de mi negocio y para mí como persona. Mirando hacia atrás, lo que estuve haciendo en ese tiempo hoy lo comparo con el arte de esculpir. Había tomado el material esencial que me ayudaría a construir una marca no solo para mi negocio, sino también para mí como persona, y estaba moldeándolo, refinándolo y perfeccionándolo. Trabajaba con principios sólidos que promovieran el crecimiento y los estaba haciendo míos.

El hecho es que este proceso tomó algunos años en consolidarse y ha continuado funcionando bien desde entonces. Muy lentamente, los pasos se fueron volviendo más claros y más bien definidos, y también muy energizantes para mí, porque me di cuenta que las cosas estaban funcionando distinto, pero para bien, pues notaba que todo marchaba mejor. Y cuando me enfoqué en analizarlos y en tratar de definirlos, vi que tenía nueve principios, nueve pasos bastante concretos y, a medida que los analizaba más de cerca, comprendí que había una lógica y una interconexión entre ellos, el uno estaba construido sobre el otro, lo mismo que los escalones de una escalera. Así es como llegaron a llamarse los nueve pasos. Y cuando subes por esos escalones, te encuentras en un lugar donde no solo tienes una mayor visión del paisaje y de las posibilidades que tienes ante ti, sino también una mayor comprensión de cómo conquistar ese paisaje y percibir esas posibilidades, entendiendo los principios que hay detrás de esos pasos y cómo implementarlos en tu vida en aras de superarte y convertirte al fin en un líder autoactualizado con identidad.

> "Las personas que no se arriesgan, por lo general, suelen cometer un promedio de dos grandes errores por año. Las personas que sí se arriesgan, por lo general, también suelen cometer un promedio de dos grandes errores al año".
> —PETER F. DRUCKER

Viendo el panorama general

Habrás escuchado el dicho "no puedo ver el bosque debido a los árboles". Eso sucede cuando estás tan concentrado en los detalles que no logras ver el panorama general. Cuando te sumerges en un proceso o en un trabajo complejo, eso es lo que suele suceder. Y luego, cuando te tomas un breve descanso, das un paso atrás y, de repente, ves el cuadro en su totalidad.

Eso me sucedió trabajando a lo largo del proceso de los nueve pasos. Estaba tan inmerso en los detalles de la identidad y la visión y la planificación y en todos los demás pasos que, durante un buen tiempo, no me di cuenta cuál era el panorama general.

Entonces, retrocedí un poco y desde lejos pude ver que todos esos pasos conducían a un destino específico: la autoactualización.

Comprendí que cada uno de ellos era poderoso e importante en sí mismo, pero en conjunto, a leguas se veía que sí era posible moldear tu propio futuro, construir tu propia vida e incrementar cada vez más tu potencial.

Fue así como vi el poder que había en estos pasos puestos juntos: estaban relacionados con la educación y con asuntos internos propios de nuestra naturaleza humana, así como con aspectos sociales, espirituales, emocionales, intelectuales, referentes al trabajo, la salud, las metas y a nuestras aspiraciones. En otras palabras, vi que tocaban todos los aspectos de nuestra vida y los abordaban de tal manera que hacían que esta fuera mejor y que, por consiguiente, esos eran los pasos prácticos que había que seguir para explorar, comprender y hacer funcionar nuestro potencial al máximo.

Comprender ese hecho me dio aún más energía para trabajar en estos pasos y observar los resultados —y apreciar el valor de ese bosque conformado por esos árboles en los que estuve trabajando.

Los nueve pasos funcionan a nivel corporativo e individual

Los nueve pasos son igualmente relevantes para el crecimiento individual. Me ayudaron a forjar mi identidad, a mantener la cordura a medida que los medios intentaban decirle al mundo quién era yo. Ellos no saben quién soy yo. *Yo* soy quien sé quién soy. Y sé que siguiendo los nueve pasos construí mi empresa, constituí una fundación y establecí una empresa y una marca empresarial y personal. Se acabaron las etiquetas que me ponían. Hubo muchas que quisieron pegarme a lo largo de mi vida y eran etiquetas dolorosas y debilitantes, pero ahora todas me resbalan y no se me quedan prendidas.

Por todo esto es que sé que los nueve pasos funcionan. Están forjados bajo principios de vida sólidos —pues los principios en sí mismos no cambian—. Así que sé de primera mano que lo que se requiere para hacer los cambios que anhelamos es poner en práctica esos principios. Fue así como, al trabajar en los nueve pasos en mi propia vida, construí un proceso que toma la teoría que hay detrás de los principios y los hace prácticos. Esa es otra razón por la que los llamo pasos. La palabra *pasos* denota actividad y movimiento. Es interesante cómo el hecho de leer sobre la teoría del sonido cambia tu forma de pensar. Si la pones en práctica, cambiará tu vida.

El paso esencial: la identidad

La identidad es la piedra angular de los nueve pasos. Es la base sobre la cual se construyen los otros ocho escalones. Si no sabes quién eres, si no conoces tus pasiones y talentos, si no sabes qué hace vibrar tu esencia, entonces, no puedes seguir adelante con los otros pasos. Desde hace milenios, los filósofos han estado haciendo estas preguntas: *¿Quién soy yo? ¿Cuál es mi propósito? ¿Por qué estoy aquí?*

Los nueve pasos nos ayudan a responder esas preguntas y muchas otras, pero todo depende necesariamente de esta: *¿Quién soy yo?* Cuando estás listo para responderla —y en el próximo capítulo te mostraré cómo hacerlo— desbloqueas la puerta que te impide entrar y aprovechar todo tu potencial, identificar y hacer realidad tus sueños y ambiciones y convertirte en el líder con identidad que estás destinado a ser.

El poder de los nueve pasos para cambia tu vida

Los nueve pasos tienen un enfoque singular: contribuir a tu autoactualización y ayudarte a ser la mejor versión de ti mismo posible. Quienes han seguido este proceso se encuentran en lugares de liderazgo. Si los implementas, a medida que avances en el proceso de convertirte en un líder con identidad, notarás que los demás se sentirán atraídos hacia ti, porque quieren tener eso mismo que tú tienes. La gente entiende de forma innata cuando está frente a alguien autoactualizado, porque esa persona transpira confianza, sencillez y seguridad en cuanto a su visión de sí misma; sus poros parecen segregar pasión y un propósito claro en su vida.

Nuestro mantra en el Programa de Liderazgo con Identidad de Stedman Graham es propósito, pasión y desempeño. Al pasar por el proceso del liderazgo con identidad desarrollarás una mayor percepción y comprensión de tu propósito y tu pasión en la vida y elevarás tu nivel de desempeño. Todo es parte de las respuestas sobre *"¿Quién soy yo? ¿Hacia dónde voy? ¿Cómo voy a llegar allá?"*. Verás que estarás listo para responderlas a medida que avanzas en el proceso hacia tu liderazgo con identidad.

Concretar este proceso duró mucho tiempo, pero las luchas y el esfuerzo valieron la pena, pues me di cuenta que lo que construí para mí tenía gran valor y relevancia para el mundo. He enseñado los nueve pasos en China, Sudáfrica, Ruanda, Canadá y Holanda. Se los he enseñado a militares, líderes corporativos, ejecutivos de negocios en todos los niveles y a estudiantes universitarios, en preparatoria y secundaria, a personas que viven en la pobreza y también a quienes viven en plena comodidad.

¿Por qué? Porque los nueve pasos funcionan. Son muy prácticos. Te abren los ojos y te inspiran. Son relevantes para todo ser humano. Te aseguro que cambian vidas.

Los nueve pasos funcionan. Son muy prácticos. Te abren los ojos y te inspiran. Son relevantes para todo ser humano. Te aseguro que cambian vidas.

Así es como cambian tu vida. Primero, te cambian por dentro. Solidifican tu comprensión de ti mismo y te ayudan identificar cuáles son tus pasiones y sueños y a construir tu visión acerca de ti mismo. Te motivan, te dan energía y te ayudan a elaborar un plan para tu vida que acentúe tus talentos y pasiones. Y a medida que cambias tu visión desde tu interior, tu mundo exterior cambia. De lo sutil a lo obvio, las cosas cambian: cómo te presentas a los demás, qué pretendes, cómo lo logras, los círculos en los que te desenvuelves, las pasiones que persigues, los hábitos que abandonas. Estás más enfocado en lo que es significativo para ti y modelas tu vida en torno a eso. Te das cuenta de lo que ha ido reteniéndote y dejas ir todo eso. Haces sacrificios que estén en línea con tu visión. Tu vida cambia para bien. Y sigues avanzando en el proceso, siempre creciendo, siempre aprendiendo.

Y un día, miras atrás y te das cuenta de lo lejos que has llegado en tu viaje. Te sientes asombrado, porque lo hiciste uno paso a la vez —pero en el proceso, ninguno de esos pasos se desperdicia, ni te desvía, ni te saca fuera de tu camino—. Recuerdas lo que dijo Lao Tse sobre cómo comienza un viaje de mil millas y te das cuenta que es verdad.

> "Si supieras cuánto trabajo se invirtió en esto,
> no lo llamarías genialidad".
> —MIGUEL ÁNGEL

Muestras del uso de los nueve pasos

Comencé mi trabajo en Holanda en 2007, trabajando con el Simposio Circustheater en La Haya, la comunidad militar de EE. UU., en Holanda, y con muchas otras organizaciones, fundaciones, escuelas y empresas.

También tuve el honor de realizar el seminario de los nueve pasos frente a unos 4.000 refugiados e inmigrantes que fueron llegando a Ámsterdam. El gobierno estaba tratando de incorporarlos a su sociedad y todos y cada uno de ellos necesitaba hacer el proceso de los nueve pasos con urgencia, pues estaban en una nueva tierra, experimentando una cultura también nueva y sin un sistema de creencias claro y dinámico con respecto a cuál era su propia identidad aun estando allí. Acababan de venir de Siria y de países africanos, era padres de familia con tres, cuatro y cinco hijos y habían renunciado a todo en aras de encontrar libertad y una nueva vida. Así que te imaginarás lo inadecuados e inseguros que se sentían. Durante mi tiempo con ellos, fui testigo de algunas transformaciones reales. Vi que muchos mejoraron su situación y continué conversando con algunos de ellos durante varios meses vía Skype, con el deseo sincero de averiguar cómo les estaba yendo.

En Ruanda, enseñé sobre la importancia de la identidad como primer paso hacia la promulgación del cambio. Presenté un taller sobre el liderazgo con identidad frente a estudiantes de último año de secundaria. También tuve el honor de reunirme con el Presidente de Ruanda, Paul Kagame, quien ha hecho bastante para ayudar a Ruanda a avanzar hacia la autosuficiencia.

También he viajado a China para realizar talleres sobre este mismo tema del liderazgo con identidad.

Cada país que he visitado, cada grupo frente al cual me he presentado, cada conexión que he hecho, todos para mí cuentan como experiencias muy especiales. Lo que he aprendido de mis viajes por el mundo es que las circunstancias y las culturas son diferentes donde quiera que vayas, pero las necesidades de los seres humanos son las mismas. Y los talleres sobre el liderazgo con identidad contribuyen a construir una base que cubra esas necesidades.

Motivado a compartir el proceso

Nunca me canso de enseñar los nueve pasos de este proceso hacia el liderazgo con identidad. Me encanta ver cómo se iluminan los ojos de las personas en sus momentos "¡ajá!" de descubrimiento, porque sé a dónde las llevará ese descubrimiento. Nunca pensé que el proceso que estaba desarrollando solo para mí sería tan significativo para la gente de todo el mundo. ¡Eso es tan gratificante! Considero un enorme privilegio el hecho de poder compartirlo ahora contigo.

Este es solo un vistazo de cómo empezó todo. Es mi viaje a lo largo de este proceso. Y cuando pases la última página de este libro, comenzará tu propio proceso de liderazgo con identidad. Prepárate para el cambio.

Claves del liderazgo con identidad

- Mucha gente asume que este proceso de los nueve pasos para alcanzar el éxito se me ocurrió fácilmente, porque el proceso en sí fluye por sí solo y es dinámico y lógico. No fue así. Fue un proceso laborioso, marcado por inicios y paradas, pero fue un viaje que bien valió la pena.

- Por el camino me di cuenta que no tenía que ser una corporación global, ni una gran empresa para tener éxito. Solo necesitaba una marca distintiva y un sistema que estuviera construido con base en una esencia que hiciera énfasis en las fortalezas y el propósito de la empresa.

- También llegué a comprender que dicho sistema —construido bajo la esencia de fortalezas y propósitos personales— funciona también con las personas. El proceso del liderazgo con identidad no es solo una cuestión empresarial, sino que además está relacionado con la esencia de nuestra vida.

- La belleza de los nueve pasos es que funcionan en todos los niveles, tanto para particulares como para organizaciones de todos los tamaños. Están establecidos a partir de principios de vida, siendo la identidad el principio clave. Cuando los aplicamos de manera efectiva, no solo son poderosos, sino que nos cambian la vida.

CAPÍTULO 9

Paso 1:
Buscar tu identidad

*Te empoderas cuando te conoces, te defines, te construyes,
tomas forma y te educas hasta llegar a ser tú mismo.*

En el capítulo anterior te conté cómo fue surgiendo el proceso de los nueve pasos hacia el éxito. Fue un proceso laborioso, pero valió la pena —como miles de personas en todo el mundo pueden dar fe—. La belleza de estos nueve pasos es que le funcionan a cualquier persona, en cualquier lugar y en cualquier etapa de la vida. Les sirve a jóvenes y viejos, a gente de cuello blanco y de cuello azul. Es un proceso, como ya he dicho antes, que está orientado a ayudarles a las personas a autoactualizarse para que puedan alcanzar su pleno potencial y cumplir su destino.

Así que ya has oído hablar de mi viaje hacia desarrollar estos nueve pasos. Ahora, quiero prepararte para tu propio viaje describiendo en detalle lo que implica cada uno de estos pasos. En los próximos nueve capítulos describo brevemente en qué consiste cada uno y te proporciono algunos ejercicios que te servirán para generar tu propio plan hacia tu liderazgo con identidad.

¿Recuerdas esas tres preguntas que planteé antes? *¿Quién eres tú? ¿Hacia dónde vas? ¿Cómo vas a llegar allá?* Pues bien, es esencial que sepas las respuestas a estas tres preguntas y, antes de comenzar un viaje de cualquier tipo, necesitarás saber la respuesta a la primera pregunta: *¿Quién eres tú?*

Hay gran poder en el autoconocimiento. A simple vista, tal conocimiento parece sencillo, como si todos tuviéramos una comprensión automática de quiénes somos, pero como he viajado por el mundo presentando estos nueve pasos y en qué consiste el proceso de liderazgo con identidad, he descubierto que el autoconocimiento es un tema escurridizo y poco claro, mal entendido y subestimado por la mayoría de las personas con las que he estado en contacto.

La gente asume que sabe quién es, pero esa suposición reside en un conocimiento que suele no ir más allá de la superficie. El verdadero autoconocimiento y la comprensión de sí mismo yacen muy por debajo de la superficie y se necesita trabajo para indagar y descubrir quién eres en tu esencia. Vale la pena realizar este trabajo, porque al igual que un arqueólogo durante una excavación, tú también harás algunos descubrimientos acerca de tu vida que te inducirán a cambiar a lo largo del proceso.

A continuación, te presento algunas facetas clave de esa excavación que te servirán para desenterrar tu verdadero yo.

Etiquetas ocultas que te definen

El primer paso para comprender tu identidad es evitar las etiquetas que otros te hayan puesto, ya sea para bien o para mal. Cualquier etiqueta, incluso una positiva, es dañina si no es una descripción precisa de tu verdadero yo. No es necesario ser una estrella de cine, ni una celebridad para que la gente te llene tu cabeza de imágenes exaltadas acerca de ti mismo. Eso no te sirve de nada.

Sin embargo, la mayoría de las etiquetas que recibimos son negativas, degradantes y limitantes. Actúan como pinzas invisibles sobre nosotros, le arrojan agua al fuego de nuestros más profundos anhelos y apagan nuestro potencial incluso desde antes que comencemos a desarrollarlo.

Para evitar las etiquetas debemos ignorar a los demás y escucharnos a nosotros mismos. Necesitamos el coraje necesario para profundizar y descubrir nuestras verdaderas motivaciones. Nos urge descubrir qué nos motiva, nos conmueve, nos inspira, nos da energía, nos trae alegría y saca a relucir lo mejor de nosotros.

> "El ego es solo una ilusión, pero es muy influyente.
> Si dejas que el espejismo del ego se convierta en tu identidad,
> nunca sabrás quién es tu verdadero yo.
> El ego, la falsa idea de creer que eres lo que tienes
> o lo que haces, es una forma inversa de evaluar y vivir la vida".
>
> —WAYNE DYER

Identifica tus talentos y sueños

Tu identidad es la intersección de tus talentos y sueños, de tus habilidades y aspiraciones. Es el lugar donde tus dones y alegrías se encuentran. En el fondo, ese es quién tú eres y saberlo te abre la puerta a la autoactualización.

A simple vista, esto suena engañosamente simple, pero es más complejo de lo que parece. Es por eso que tanta gente cree que conoce su identidad y que tiene comprensión de sí misma cuando en realidad se ha quedado en la superficie de su autoconocimiento.

¿Por qué? Porque es un hecho que muchas personas no saben realmente en qué son buenas o lo que en verdad quieren hacer; o lo saben, pero sus talentos y sueños han sido aplastados por opiniones negativas de los demás, por presión de sus compañeros, por falta de recursos, por circunstancias difíciles o por su propia cosmovisión.

A veces, la gente tiene miedo de soñar. Muchos tienen miedo de no lograr sus sueños o de parecer tontos o de arriesgar demasiado en su intento por realizarlos. A veces, es miedo al fracaso o al éxito o a lo desconocido. Me referiré a estos aspectos en un paso posterior, pero por ahora, te diré que, para lograr un verdadero autoconocimiento y una buena comprensión de ti mismo, es imperativo que conozcas y explores hasta encontrar cuáles son tus talentos y en qué consisten tus sueños.

Identifica las fortalezas de tu carácter

Identificar las fortalezas de tu carácter es una excelente manera de profundizar en tu autoconocimiento. Entonces, conocerlas y comprenderlas es el primer paso para poder utilizarlas de manera más eficaz y eficiente, y para construir estrategias —en tu vida laboral, social y en todos los aspectos de tu vida— que te ayuden a apoyarte en gran medida en esas fortalezas.

> "La autoconsciencia es la habilidad más importante para alcanzar el éxito profesional".
> —PETER GUBER

Crea tu propio valor

En mis seminarios suelo enseñar que el valor que creas para ti mismo es el valor que te da el mundo. La gente te ve como tú te ves a ti mismo. Si los demás no te ven con el valor que tú sabes que tienes, entonces, lo más probable es que se deba a la forma en que te estás presentando. Observa muy bien esto que te digo y sé honesto contigo mismo: si te tratas a ti mismo con respeto, el mundo seguirá tu ejemplo. Si te valoras a ti mismo, el mundo te valorará.

Todo depende del amor, que es la pieza fundamental para la transformación. El amor hacia uno mismo es el componente esencial del liderazgo con identidad. Todo comienza con el amor hacia uno mismo, pues a partir de ahí construimos todo lo demás, pues este sentimiento es el que le abre la puerta al autoliderazgo y este a su vez le abre la puerta al desarrollo de todo tu potencial y a la realización de tus sueños.

Entonces, ámate a ti mismo. Crea tu propio valor. Vive tu sueño.

Construye tu visión del mundo

Tu cosmovisión es tu filosofía de vida. Esa es, como la palabra misma lo indica, tu forma de ver el mundo. Algunas frases comunes relacionadas con la cosmovisión incluyen: "ver el mundo a través de lentes color rosa", ser la versión de "Pollyanna" o "ver el vaso medio vacío".

Tu cosmovisión afecta no solo cómo ves el mundo, sino cómo te ves a ti mismo. La cosmovisión es más que un punto de vista con un espectro positivo a negativo. Para darte un ejemplo de cómo y qué tanto te afecta tu cosmovisión, si caes en el extremo negativo de ese espectro, te diré que es posible que escuches a un crítico interno que constantemente te dice: "¡No es posible hacer eso!" "¡No seas tonto!" "¡Vas a sentirte avergonzado!" "¡Tú no eres lo suficientemente buenos para esto!" "¿Qué crees que estás haciendo?".

En otras palabras, ese crítico interno puede llegar a convencerte de que tienes mucho menos potencial del que realmente tienes. Puede engañarte haciéndote creer que tus capacidades son pocas, que deberías ser lo suficientemente feliz donde estás y que no deberías intentar hacer nada más. Así, todas estas apreciaciones terminan por darte un falso concepto de ti mismo —uno que te inhibe de lograr lo que realmente quieres lograr.

Encuentra tu verdadera motivación

Entonces, este primer paso consiste en comprender qué es aquello que te motiva —tus pasiones, esperanzas, sueños y deseos— y cómo esa motivación se entremezcla con tus talentos, habilidades y experiencias. Se trata de negarte a ser etiquetado por otros y de hacer que el mundo sepa quién eres tú. Es hacer un balance de tus fortalezas y de tu carácter y ver cómo ellas funcionan en las diversas áreas de tu vida. Es darte cuenta de cómo tu visión del mundo afecta tu autocomprensión; es comprender la enorme influencia que tu cosmovisión ejerce sobre tu vida.

Este primer paso consiste en comprender qué es aquello que te motiva —tus pasiones, esperanzas, sueños y deseos— y cómo esa motivación se entremezcla con tus talentos, habilidades y experiencias. Se trata de negarte a ser etiquetado por otros y de hacer que el mundo sepa quién eres tú.

Claves del liderazgo con identidad

- Existe un tremendo poder en el autoconocimiento. Muchas personas malinterpretan el autoconocimiento y piensan que este se reduce a la comprensión superficial de sí mismas, pero el autoconocimiento funciona mucho más profundo que eso. Se necesita trabajo para excavar y descubrir tu esencia y descubrir quién eres en realidad.

- No podrás comprender la esencia de tu identidad si asumes las etiquetas que otros te ponen. Ellos no conocen tu verdadero yo. Solo tú lo conoces cuando te das a la tarea de profundizar para descubrir y explorar tu ser interior.

- Tu identidad es la intersección de tus talentos y tus sueños. Es la intersección de tus habilidades y tus aspiraciones. Es el lugar donde se encuentran tus dones y tus alegrías. Eso, en el fondo, es quien tú eres y el hecho de saberlo te abre la puerta a la autoactualización.

Tu plan hacia un liderazgo con identidad

En cada uno de los nueve pasos, pasarás por unas cuantas activaciones que te ayudarán a responder las tres preguntas que te he planteado varias veces en este libro: *¿Quién eres? ¿Hacia dónde vas? ¿Cómo vas a llegar allá?*

Un consejo a los impacientes: no se apresuren a realizar estas activaciones. Denle a cada activación y a cada pregunta toda su atención y enfoque. No las hagan cuando estén cansados. No tiene sentido hacerlas si no tienen la energía y la motivación para prestarles toda su atención y energía. Estas activaciones están destinadas a desafiarlos y a ayudarles a profundizar en ustedes mismos. Ese es el camino hacia el autodescubrimiento.

Entonces, si sientes que flaqueas después de haber empezado una activación, detente. Vuelve a intentarlo más tarde ese día, cuando te sientas más energético o mejor espera hasta el día siguiente. El punto no es qué tan rápido puedes completarla, sino qué tanto puedas usarla para crear un plan viable hacia tu autoactualización y hacia alcanzar tu máximo potencial en la vida.

Por eso las llamo *activaciones:* porque las estás usando para activar todo tu potencial.

Muchas veces, tendrás la oportunidad de enumerar cinco respuestas. Enumera las que sean apropiadas para ti. Pueden ser cinco o pueden ser más o pueden ser menos.

Activación 1:
Verificación de la realidad: ¿quién soy?

Describe tus cinco mejores cualidades o características. ¿Qué es aquello que más te gusta sobre ti? ¿Eres trabajador? ¿Organizado? ¿Leal? ¿Valiente? Tómate tu tiempo y elije qué cualidades o características te describen mejor. (Otros quizá no vean estas características en ti con tanta certeza como tú, por varias razones. Pero *tú* sí sabes que estas son las que más te definen).

1. _____
2. _____
3. _____
4. _____
5. _____

Soy más feliz cuando:

1. _____
2. _____

Los miedos que más han influido en mi vida son:

1. _____
2. _____

Tres características que podrían estar impidiéndome lograr más en la vida son:

1. _____

2. _____

3. _____

El mayor desafío o los mayores desafíos en mi vida son:

_____

_____

Cuando me enfrento a un desafío, mi reacción típica es:

_____

Activación 2: Definiendo mis motivaciones

Enumera cinco o más actividades que te encanta hacer:

1. _____

2. _____

3. _____

4. _____

5. _____

Ahora, elija una actividad de tu lista anterior y responde las siguientes preguntas:

Mi actividad es:

_____

Lo que hago relacionado con esta actividad es:

_____

Lo que valoro de esta actividad es:

_____

Lo que puedo hacer para aumentar mi éxito en esta actividad es:

_____

_____

¿Qué más quiero lograr en esta área?

_____

_____

_____

Activación 3:
Reconociendo mis talentos y fortalezas

A veces, la gente piensa que talento y fortaleza son sinónimos. Lo cierto es que aunque están relacionados, son distintos. Según Gallup[19]:

> Una fortaleza es la capacidad de mostrar un desempeño consistente, casi perfecto, en una actividad específica. Los talentos son patrones de pensamiento, sentimiento o comportamiento naturalmente recurrentes, que pueden ser

productivamente aplicados. Tus talentos, conocimientos y habilidades —junto con el tiempo que les dediques (es decir, con lo que inviertas en ellos) practicándolos, desarrollándolos, junto con la construcción que hagas de tu base de conocimientos— se combinan entre sí, dando lugar a tus fortalezas.

Por ejemplo, si te gusta conocer gente y hacer conexiones, eso es un talento. Ahora, si eres capaz de construir una red de seguidores que estén dispuestos a ayudarte, esa es una fortaleza.

Los talentos son innatos y no se pueden adquirir. En cambio, las fortalezas se pueden ir desarrollando.

Mis cinco mejores talentos son:

1. _____

2. _____

3. _____

4. _____

5. _____

El talento que me da más alegría o satisfacción es:

_____

Mis cinco mejores fortalezas son:

1. _____

2. _____

3. _____

4. _____

5. _____

La fortaleza que me da más alegría o satisfacción es:

_____

Activación 4: Poniendo todo junto

Hasta aquí, ya tienes claro cuáles son tus mejores atributos o características, qué te hace feliz, lo que te da miedo, lo que te desafía y lo que te detiene. Has identificado tus pasiones, talentos y fortalezas.

Ahora, tómate un momento para juntar toda esa información.

Las cinco características que mejor me definen, y que enumeré en la Activación 1, me hacen capaz en estas áreas o situaciones:

1. _____

2. _____

3. _____

4. _____

5. _____

Mis áreas de crecimiento en potencia, según mis pasiones enumeradas en la Activación 2, son:

1. _____

2. _____

3. _____

4. _____

5. _____

Las mejores oportunidades para utilizar mis talentos podrían ser:

1. _____

2. _____

3. _____

4. _____

5. _____

Podrían utilizar mejor mis fortalezas en estas áreas:

1. _____

2. _____

3. _____

4. _____

5. _____

CAPÍTULO 10

Paso 2:
Construye tu visión

*Tu vida evoluciona cuando sigues
estableciendo una visión superior a ti.*

El Paso 1 explora la primera pregunta: *¿Quién eres?* Ahora, este paso se enfoca en la segunda de las tres preguntas: *¿Hacia dónde vas?* Es un hecho que, si no tienes una visión para tu vida, no sabrás hacia dónde vas. Simplemente, irás hacia donde las corrientes de la vida te lleven, flotando río abajo, no bajo tu propia voluntad, sino al poder de la corriente. El hecho que estés leyendo este libro me dice que quieres más de la vida, que anhelas lograr cosas, probarte a ti mismo, ampliar tus límites y disfrutar de una vida más satisfactoria que la que te ofrece el simple hecho de flotar río abajo.

Construye una visión basada
en la comprensión de ti mismo

Con una visión propia, no flotas. Persigues. Dotado con el autoconocimiento que obtuviste a lo largo del Paso 1, ya sabes cómo proyectar tu visión basándote en tus talentos y sueños y establecerte según la esencia de tu identidad. Entonces, comienza a determinar tu futuro en función del potencial que ves a través que la comprensión que tienes de ti mismo.

El mero hecho de construir tu propia visión le aporta energía y propósito a tu vida. Necesariamente, este es el segundo paso, porque no es posible construir un plan, ni una visión, sino hasta conocerte a ti mismo muy bien. La visión sigue a la autocomprensión, y cuanto más profunda sea esta, más clara y enfocada será tu visión.

La visión implica dos actos: el acto de *ser* y el acto de *hacer*. Como ya sabes quién eres (Paso 1), ya puedes vislumbrar todo aquello que eres capaz de hacer. Cualquier obstáculo potencial comienza a derretirse o a desmoronarse cuando te mantienes enfocado tanto en quién eres como en cuál es tu potencial.

Ahora, de lo que se trata la visión es de definir tu viaje. Debe ser uno donde ganes impulso a medida que avances hacia esa visión. Es como un viaje en auto a las Montañas Rocosas. Al llegar al Este de Colorado, primero, alcanzas a entrever una cierta nebulosa ascendente a lo lejos. Y a medida que continúas el viaje, ese brumoso ascenso comienza a volverse más claro y más amplio. Después, ya logras ver montañas bien definidas con picos irregulares y crestas y tu entusiasmo aumenta a medida que te acercas a tu visión.

Alimenta tu imaginación

La visión alimenta tu imaginación a medida que comienzas a trazar tu viaje. Basado en tus habilidades y pasiones y en otros conocimientos que adquiriste en el Paso 1, realiza una lluvia de ideas sobre varias posibilidades que te resulten atractivas. Investiga opciones, habla con personas que puedan ayudarte a comprender mejor tus opciones y comienza a crear y perfeccionar tu visión. Al principio, puede ser una visión amplia, pero a medida que continúes investigando tus opciones, esta se irá volviendo más refinada, más precisa.

Por ejemplo, según tus pasiones, intereses y habilidades, quizá, quieras ingresar al campo médico. Tienes aptitudes para la ciencia y en temas relacionados y te gusta la idea de ayudar a las personas desde el punto de vista médico. Pero el campo de la medicina es muy amplio. Incluye rehabilitación, pruebas de diagnóstico, odontología, visión, audición, salud, productos farmacéuticos, nutrición, asesoramiento, cirugía, trabajo de laboratorio, educación, cuidado directo al paciente y mucho más. Entonces, en función de tus intereses, lo más seguro es que eliminarás las tres cuartas partes de esas opciones, pero tres o cuatro —supongamos que nutrición, asesoramiento, educación y atención directa al paciente— se vuelven relevantes para ti, así que te dedicas a investigar sobre esas disciplinas, hablas con personas que trabajan en ellas, tomas clases o te informas al respecto y a lo mejor hasta haces una pasantía en una o más de ellas. Y a medida que avanzas hacia el refinamiento de tu visión, tu elección se vuelve cada vez más clara y obvia.

"Visión sin acción es solamente un sueño. Acción sin visión es simplemente pasar el tiempo. En cambio, visión combinada con acción es una fórmula capaz de cambiar el mundo".

—JOEL A. BAKER

Visualiza tu meta antes de comenzar a andar hacia ella

Ese proceso que acabo de describir te ayudará a ver cuál será tu meta desde antes de comenzar a avanzar hacia ella. Es indudable que, cuando comienzas un viaje con el final en mente, continúas a lo largo de él con propósito y confianza. La visión te da perspectiva, porque tienes cómo sopesar oportunidades y experiencias de acuerdo a si estas se alinean o no con tu visión. Si contribuyen a alcanzar tu visión, entonces, toma esas oportunidades y vive esas experiencias. Si van a disuadirte o distraerte de tu camino, desiste de ellas.

La visión te da perspectiva, porque tienes cómo sopesar oportunidades y experiencias de acuerdo a si estas se alinean o no con tu visión. Si contribuyen a alcanzar tu visión, entonces, toma esas oportunidades y vive esas experiencias. Si van a disuadirte o distraerte de tu camino, desiste de ellas.

El poder de la visión

Tienes que tener una visión más grande que tú. Tu visión debe impulsarte más allá de donde ya has estado, más allá de donde estás ahora. Te ayuda a deshacerte del bagaje histórico que algunos de nosotros cargamos. Te motiva a ir más allá de lo que conoces.

Einstein afirmó que no es posible resolver un problema con la misma mentalidad que lo causaste. Si te quedas atascado en esa mentalidad, no evolucionarás, ni crecerás. Tu visión te ayuda a ir más allá de esa mentalidad, a despegar y seguir por un camino de mejora continua.

Saber hacia dónde te diriges te da una razón para levantarte y ponerte en marcha cada mañana, porque cada día te acerca más y más a hacer realidad tu visión. Estás motivado, porque sabes que esta te permitirá alcanzar tu máximo potencial y te llevará por el camino de la autoactualización. Vas rumbo a convertirte en la mejor versión de ti mismo. Te diriges hacia tu destino y estás viviendo el tipo de la vida que estabas destinado a vivir.

Tu visión te encamina hacia una vida plena y satisfactoria en la que tus talentos están en pleno uso y tus sueños van rumbo a hacerse realidad.

Establece tus metas

Ahora, para llegar a ese punto de satisfacción debes entrar en una fase que es clave en la construcción de tu visión: establecer metas.

Una vez hayas construido tu visión es tiempo de identificar los puntos de control a lo largo del viaje que te mantendrán bien encaminado. De hecho, usemos como ejemplo la pista de atletismo. Digamos que dos atletas de 1.600 metros tienen el mismo objetivo: correrlos en 5:00 minutos. El atleta A tiene mucha resistencia, pero no tiene una buena velocidad en la cual confiar para que lo lleve a la meta. Por su parte, el atleta B es regular en cuanto a resistencia, pero desarrolla una velocidad abrasadora en la última vuelta.

Ambos atletas han identificado sus propias mini metas o puestos de control en el camino para que les sirvan como referencia y les ayuden a correr los 1.600 metros en el tiempo establecido. El atleta A quiere ejecutar estas divisiones cada 400 metros: 72, 75, 75, 78. Él calcula que puede llegar más rápido, porque tiene buena resistencia y no puede confiar mucho en su velocidad para llegar al final. Por su parte, el atleta B estableció sus mini metas así: 74, 77, 77, 72. Las estableció así porque él sabe que no puede mantener el mismo ritmo fuerte que el atleta A, pero sí puede correr mucho más rápido en la última vuelta.

Como verás, estos son dos atletas con la misma visión general de su carrera y con dos formas diferentes de lograr su visión.

Así es como funcionan las metas: averigua qué te funcionará mejor para llegar a tus metas. No las establezcas en función de cómo tus compañeros con metas similares establezcan las de ellos. Tú establece las tuyas basado en tus propias fortalezas.

A continuación, te daré algunas pautas que deberás tener en cuenta al establecer tus metas:

1. **Las metas deben ser realistas.** Si no tienes posibilidad de alcanzar tu meta, te desanimarás y terminarás rindiéndote. En ese caso, no habrás fallado al establecer una meta retadora, pero poco realista y no una meta razonable. Pon una meta que te haga esforzarte, pero que sea posible de alcanzar. Estarás listo para configurar metas más altas una vez que hayas alcanzado ciertos hitos.

2. **Las metas deben ser significativas.** Establece metas que estén directamente vinculadas a tu visión. Cuando las alineas con ella, estás más motivado a trabajar y alcanzarlas. Por otra parte, la metas que no te acercan a tu visión pueden terminar siendo distracciones y desperdicio de tiempo. No digo que no tengas metas que estén fuera de tu visión — por ejemplo, es posible tener metas profesionales y también metas personales de acondicionamiento físico—, pero asegúrate de tener metas que se relacionen con tu visión.

3. **Las metas deben estar bien definidas.** Metas vagas como "quiero iniciar un negocio un día" no son útiles. Investiga y piensa en los pasos que deberás seguir para iniciar tu negocio y luego traza metas en torno a ellos. Algunos ejemplos de metas más específicas y bien definidas son: "Tendré listo mi plan de negocios a finales de octubre", "Me reuniré con mi agente de seguros para hablar sobre mi seguro comercial en noviembre", "Voy a formar mi equipo dentro de los próximos seis meses" y "Voy a hablar con mis proveedores y elegiré a los mejores en diciembre". Estas metas sí te dan una dirección a seguir, un objetivo al cual apuntarle y un enfoque claro tanto en términos de lo que necesitas hacer como de cuándo quieres hacerlo.

4. **Las metas deben entusiasmarte.** Seamos realistas, trabajar en pos de nuestras metas no es fácil. Se requiere de mucho esfuerzo concentrado, te traerá frustraciones y

desafíos y pondrás a prueba tu paciencia. (Y si no sientes nada de esto, tus metas son demasiado fáciles). Así que es mejor que establezcas metas que realmente te motiven a alcanzarlas, que te entusiasmen, que te causen alegría y satisfacción y una sensación de logro cuando las alcances. De lo contrario, sin importar cuán dignas estas sean, te será fácil renunciar a ellas.

5. **Las metas deben seguir una progresión lógica.** Lo más probable será que tengas muchas metas en tu camino a consolidar tu visión. Mira primero el panorama general, determinando con exactitud lo que debes hacer para realizar esa visión. Luego, divídelas en metas manejables y asegúrate que haya relación y conexión entre ellas. Estas no son independientes entre sí; más bien, están vinculadas como los eslabones de una cadena y cada eslabón te acerca un paso más hacia tu visión. Por ejemplo, en cuanto a la idea de comenzar un negocio, supongamos que identificas siete metas: desarrollar tu plan de negocios, registrarte con el gobierno y el IRS, comprar un póliza de seguro, conformar tu equipo, elegir tus proveedores, crear tu marca y hacerle publicidad y, por último, hacer crecer tu negocio. Hay una secuencia lógica que fluye en ese orden. En cambio, no tendría sentido crear tu marca y hacerle publicidad primero, sin tener un plan o un negocio que ya esté en funcionamiento. Así que tu función primordial es encontrar ese flujo secuencial que tenga sentido y luego ve tras el cumplimiento de cada meta que hace parte de esa secuencia. Puedes trabajar en varias metas a la vez —pero no quieras poner el carruaje delante del caballo y trabajar en metas que dependan necesariamente de otras que debes cumplir primero, sin que todavía no las hayas alcanzado.

6. **Ajusta tus metas.** Sin duda, habrás escuchado este adagio popular: "Hasta los mejores planes, bien sean hechos por ratones o por seres humanos, se pueden dañar". Lo que quiero decir es que es muy poco común que un plan nunca necesite ajustes de principio a fin. Una habilidad esencial para trabajar en pos de tus metas es la de saber evaluar y adaptarte a lo largo del camino. No te ates tanto al plan original para seguir avanzando obstinadamente cuando veas que sería más prudente tener en cuenta que el panorama ha cambiado y tu curso de acción deberá cambiar junto con él. En este caso, es mejor que te enfoques en la visión general —en ver el bosque y no los árboles— más que en la meta original cuya función es ayudarte a moverte un paso cada vez más cerca a esa visión. A veces, tendrás que tomar un camino alterno que también te lleve a alcanzar tu visión. Sé perceptivo. Evalúa tu progreso a medida que avances y disponte a adaptar tus metas según sea necesario para lograr tu visión.

7. **Las metas deben requerir una acción positiva.** Cuando las metas son específicas y medibles, puedes determinar con más facilidad qué pasos prácticos deberás seguir para alcanzarlas. Por ejemplo, "quiero perder algo de peso" no es una buena meta en el campo del fitness. "Mañana voy a correr tres millas a las 10 a.m." sí es una buena meta. Ya sabes con exactitud lo que necesitas hacer para alcanzar dicha meta. Lo mismo ocurre cuando dices "voy a empezar a comer mejor". Esta tampoco es una buena meta. Si dices "voy beber un batido de proteínas cinco días a la semana y a dejar de comer comida rápida", esa sí es una buena meta. Correr tres millas, beber batidos de proteínas, eliminar la comida rápida en la dieta —todas estas son metas fácilmente medibles que exigen que realices acciones

específicas—. En otras palabras, sabiendo qué acciones necesitas implementar, sabrás claramente si alcanzaste o no tu meta.

"El liderazgo consiste en tener la capacidad de convertir una visión en una realidad".

—WARREN BENNIS

Los nueve pasos: Siempre relevantes, siempre dinámicos

Si bien hay un orden secuencial para dar los nueve pasos, quiero que comprendas un aspecto muy importante con respecto a ellos. Tú activas cada paso uno por uno —es decir, tú te comprometes con él, lo pones en marcha, lo pones en práctica y creces a partir de él—. Sin embargo, no desactivas ese paso para pasar al siguiente. Más bien, los activas todos, uno por uno y los mantienes activados.

Estos pasos deben ser fluidos, variables y abiertos a cambios. Por ejemplo, a medida que vas adquiriendo una mayor comprensión de ti mismo y luego pasas a crear tu visión, a desarrollar tu plan de viaje y continúas con los otros pasos, irás aprendiendo más acerca de ti mismo. Es seguro que llegarás a nuevos niveles de autoconocimiento y, junto con él, tu visión podría expandirse o cambiar, tu plan de viaje podría variar al igual que otros pasos que ibas a dar.

Ese es el poder del proceso de los nueve pasos hacia el éxito, que no es estático, no es algo "dicho y hecho", ni cuestión de decir "fui y lo hice y listo". No, es un proceso cambiante, activo y dinámico, con fluidez y ritmo. Si estos pasos fueran un cuerpo de agua, no serían un estanque de aguas quietas; serían un río que fluye, un cuerpo de agua creciente que está siempre en movimiento, siempre cambiando.

Esto significa que este proceso de los nueve pasos es valioso para ti no solo ahora, tu primera vez en implementarlo. Es valioso para ti, por el resto de tu vida. Los principios que sustentan estos pasos hacen que este proceso que en este momento es nuevo y trascendental para ti lo sea también mañana, el próximo año, la próxima década y siempre que tenga sueños, pasiones, metas y aspiraciones por cumplir.

Claves de liderazgo con identidad

- Proyecta tu visión según tus talentos y sueños —según la esencia de tu identidad—. Comienza a determinar tu futuro en función del potencial que ves en ti a través de la comprensión que ahora tienes acerca de ti mismo. El hecho en sí de disponerte a crear tu propia visión te aporta energía y le da propósito a tu vida.

- La visión alimenta tu imaginación a medida que comienzas a replantear tu viaje. Basado en tus habilidades, pasiones y en otros conocimientos obtenidos en el Paso 1, haz una lluvia de ideas en busca de posibilidades que te atraigan. Al principio, quizá sean ideas muy generales, pero a medida que continúes investigando tus opciones, dichas ideas se irán volviendo más y más refinadas y precisas.

- Establecer metas es una parte importante de la visión. Las metas son los puntos de control en el camino hacia la realización de tu visión. Haz que tus metas sean realistas, significativas y bien definidas. Además, deberán emocionarte y motivarte.

Activación 1: Una vida significativa

Es fácil caer en la rutina —o monotonía— de hacer las mismas cosas día tras día. Sí es posible vivir de manera automática nuestros días, sin pensar mucho en lo que estamos haciendo. Sin embargo, vivir así contribuye a nuestro propio detrimento. Vivir de manera significativa — intencional y con el propósito y la energía que provienen de esa intencionalidad y de ese propósito— marca toda la diferencia. Entonces, piensa en el significado y el propósito de tu vida al responder las siguientes preguntas:

¿Qué le da significado a mi vida? ¿En qué actividad o actividades me siento más motivado y lleno de energía?

_____

_____

¿Por qué esto le da sentido a mi vida?

_____

_____

¿Cómo puedo ampliar mi búsqueda de significado en mi vida?

_____

_____

Activación 2: Atrévete a soñar

Olvídate por un momento del dinero y de cualquier otro obstáculo. Siéntate y sueña un poco. No les pongas límites a tus sueños. Tómate un tiempo para pensar en estas preguntas: *¿qué estoy haciendo con respecto a tener el trabajo de mis sueños? Si pudiera elegir el trabajo de mis sueños, basado en los talentos, las fortalezas y pasiones que identifiqué en el paso anterior, ¿cómo serían mis días laborales?*

De nuevo, tómate tu tiempo antes de responder, porque los primeros pensamientos que vengan a tu mente provendrán de muchas expectativas aprendidas —de otros y por tu propia cuenta—. Profundiza y siéntete libre de soñar sobre cómo utilizarías plenamente tus talentos, fortalezas y pasiones. Cuando estés listo, completa el siguiente pensamiento:

En el trabajo de mis sueños, yo haría...

_____

_____

Activación 3: Escribe tu obituario

Al principio, pensar en hacer esto tiende a sonar morboso, pero es un gran ejercicio para saber qué es aquello que uno realmente quiere lograr en la vida. No te estoy invitando a escribir un obituario real, pero sí te pediré que respondas preguntas que te conducirán a conocer con mayor exactitud la reveladora historia de tu vida. ¿Cómo quieres ser recordado? ¿Qué experiencias querrás haber vivido? ¿Qué vidas querrás haber tocado? ¿Qué querrás haber logrado? Pensar en estas preguntas te ayuda a tener un panorama más amplio, ese objetivo final y la forma de cristalizarlo.

Al final de mi vida, quiero que la gente me recuerde así:

_____

_____

Quiero disfrutar de una vida llena de este tipo de experiencias:

_____

_____

Quiero haber logrado:

_____

_____

Activación 4: Declaración de mi visión

A este punto, ya has pensado en lo que es verdaderamente significativo para ti. Has identificado cuál sería el trabajo de tus sueños. Ya tienes una visión amplia de tu vida y visualizaste cómo quieres que te recuerden, qué quieres haber experimentado y logrado. Ahora, es el momento de poner todas estas ideas juntas y crear tu propia declaración de tu visión.

Una declaración de visión te ayuda a aclarar lo que es importante para ti. Actúa como un timón a medida que navegas a lo largo de tus días y te ayuda a mantener tu enfoque en lo importante aún en medio de las distracciones diarias.

Mientras piensas en tu visión personal, ten en cuenta tus valores, tus pasiones, tus fortalezas y las áreas en las que deseas crecer. Piensa en lo que te da energía y te hace feliz. En cómo operas mejor y de qué formas podrías utilizar al máximo posible tus habilidades y destrezas.

Haz que tu declaración de visión sea breve. Recuerda que no estás escribiendo un ensayo; está escribiendo una declaración concisa que revele tu propósito, aquello que es significativo e importante para ti.

Las siguientes son algunas declaraciones de visión de empresarios prominentes:

> Joel Manby, Director Ejecutivo de Herschend Family Entertainment, escribió: *"Yo defino el éxito personal como la capacidad de ser coherente con mi propia declaración de misión: amar a Dios y amar a los demás".*

> Richard Branson, Fundador de Virgin Group, afirmó: *"Divertirme en mi viaje por la vida y aprender de mis errores".*

> Amanda Steinberg, Fundadora de DailyWorth.com dijo: *"Usar mi dones de inteligencia, carisma y optimismo para aumentar mi propio valor y el de las mujeres de todo el mundo".*

¿Notaste cómo ninguna de esas declaraciones hablaba de ascender a una determinada posición, ni de obtener riquezas o gloria, ni de comenzar o expandir algún negocio? Estas declaraciones son más amplias que eso. Están enfocadas en cómo ellos quieren tratar a los demás, en el impacto que quieren causar en otras personas, en cómo quieren viajar por esta vida, en cómo quieren a usar sus dones para ayudar a otros.

Ahora, es tu turno. Tómate tu tiempo para pensar en cuál sería tu visión y retoma este ejercicio en los próximos días para refinarla según sea necesario. Hazla tuya, que sea significativa para ti y que te inspire de tal manera que quieras permanecer firme en ella y que te sirva de guía en el viaje que hayas de emprender.

Mi declaración de visión:

_____

_____

CAPÍTULO 11

Paso 3:
Desarrolla tu plan de viaje

Tener un propósito es lo que impulsa el plan de acción.

L a tercera de las tres grandes preguntas (las dos primeras son *¿Quién eres?* y *¿Hacia dónde vas?*) es *¿Cómo vas a llegar allá?* De eso es de lo que se trata este tercer paso. De hecho, los pasos 3 al 9 abordan esta tercera pregunta. Pero el Paso 3 viene antes que el resto, porque una vez que sabes quién eres tú y hacia dónde quieres ir, lo mejor es desarrollar un plan que te indique cómo llegar desde donde te encuentras en este momento de tu vida hasta tu destino, a cumplir tu visión.

No olvides tener en cuenta que el camino hacia tu visión no es del todo claro, apacible, ni una autopista de cuatro carriles que atravesarás en medio de un clima soleado y reconfortante. De hecho, cuanto más grande sea tu sueño, mayores serán tus obstáculos a lo largo del camino. Más bien, te encontrarás conduciendo en medio de la niebla, la lluvia, la nieve; encontrarás atascos de tráfico; quizá, se te explotará una llanta en el camino o tu auto necesitará otras cuantas reparaciones. Tal vez, la vía que planeaste tomar estará en construcción y deberás tomar una ruta alterna.

El punto es no desanimarte por los desafíos y obstáculos que surjan a lo largo del viaje. Mantén tu enfoque en el destino final y averigua al máximo todo lo que necesitas hacer para llegar allí. Y cuando experimentes contratiempos y dificultades, acepta que no eres el único en esas situaciones —porque, literalmente, todo el que logra algo importante experimentó reveses y dificultades en el camino.

Michael Jordan, quien siempre está en la parte superior de la lista en cualquier conversación sobre el mejor jugador de baloncesto de todos los tiempos, fue despedido de su equipo junior de baloncesto durante su escuela secundaria. Maya Angelou, la notable poeta, autora, actriz, directora y activista de los derechos civiles que recibió docenas de premios durante su vida, junto con más de 50 títulos honoríficos, fue violada a la edad de ocho años y no pudo hablar durante varios años debido al trauma. Franklin Delano Roosevelt, Presidente #32 de los Estados Unidos, quedó permanentemente paralizado de la cintura para abajo en 1921 —12 años antes de convertirse en presidente.

Todos tenemos luchas y batallas para alcanzar nuestra visión. Eso es de esperarse. Y es por esa razón que es tan importante desarrollar un plan de viaje, porque saber a ciencia cierta para dónde vas te ayudará a superar esas luchas.

Te haré algunas sugerencias para desarrollar tu plan.

Da un paso a la vez

La emoción de detallar tu visión y el hecho de saber hacia dónde quieres ir te darán una gran energía e impulso al comenzar tu viaje. Y eso es bueno —necesitarás tanta energía como impulso a lo largo del camino—. Simplemente, no te adelantes demasiado mientras avanzas. En tu entusiasmo, no te salte los pasos, ni intentes buscar atajos, ni te dejes llevar por tu impaciencia, queriendo avanzar más rápido.

Recuerda que el viaje es un proceso en el que irás aprendiendo a medida que avanzas, desarrollas tus talentos y ganas la experiencia y la comprensión que te ayudarán a lograr tu visión. Cada paso que hayas planeado en tu viaje es importante. Concéntrate en el paso, el lugar y en las circunstancias del momento y determina cuál es esa acción que necesitas ejecutar para completar ese paso y pasar al siguiente. Y ten presente que cada paso no será glamoroso o emocionante, pero sí es importante para llegar a tu destino.

Recuerda que el viaje es un proceso en el que irás aprendiendo a medida que avanzas, desarrollas tus talentos y ganas la experiencia y la comprensión que te ayudarán a lograr tu visión.

No hay atajos para el éxito. Detrás del desempeño de cada deportista olímpico merecedor de medalla de oro hay miles de horas de práctica. El camino hacia una de estas medallas está marcado por cientos, si no miles de puntos de control, como marcadores de millas a lo largo de una autopista. Para llegar al marcador de millas 145 primero, tienes que pasar por el 141, el 142, el 143 y el 144.

Al trazar tu viaje, es importante recordar que así como tú eres único, también lo es tu viaje. Tu visión y tus metas pueden no ser únicas, pero tu enfoque en ellas, junto con tu experiencia a lo largo de tu búsqueda serán exclusivamente tuyos. Aprende de otros que ya han ido por el camino hacia el cual te diriges, pero no intentes igualarlos paso por paso. Tus talentos, sueños, necesidades, experiencias y tu situación son claramente tuyos.

"Si quieres ser feliz, fíjate una meta que controle tus pensamientos, libere tu energía y te llene de esperanzas".
—ANDREW CARNEGIE

Planifica basado en tus fortalezas

En el Paso 1 evaluaste tus puntos fuertes. Esas fortalezas entran en juego ahora, ya que planeas usarlas para sacarles el máximo provecho durante la búsqueda de tu visión o sueño. Gallup ha identificado cuatro tipos de fortalezas, cada uno relacionado con una serie de temas: ejecutar, influir, construir relaciones y pensamiento estratégico[20]. (Como ejemplo, los temas relacionados con la construcción de relaciones incluyen cómo desarrollarlas, cómo ser incluyente, cómo generar armonía, empatía y positividad, entre otros).

El punto es comprender cuáles son tus fortalezas —te guiaré en el próximo capítulo para que puedas identificarlas— y luego enfocarte en ellas para que te ayuden a avanzar. Si eres un constructor de relaciones, entonces, te relacionas bien con la gente y tienes la capacidad de ver cómo encaja cada miembro de tu equipo en el panorama general y de qué manera interconectarlos; también sabes armar grupos y contribuir para que sus integrantes trabajen más eficazmente en equipo. Los pensadores estratégicos son solucionadores de problemas y personas con grandes ideas. Ellos son los mejores para proyectar la visión, excelentes planeadores y los estrategas más creativos.

Así que supongamos que tu visión es abrir tu propio restaurante. Si tú eres un constructor de relaciones, te enfocarás en consolidar un equipo de trabajo fuerte, contratando a las personas más adecuadas, con las habilidades necesarias que harán que tu visión se convierta en realidad. Luego, conseguirás un socio o gerente que tenga algunas de las fortalezas —incluyendo un pensamiento estratégico— que tú no tienes. Si eres un pensador estratégico, proyectarás la visión de tu restaurante, contratarás un gerente que tenga la habilidad de construir relaciones que tal vez tú no tengas y operarás teniendo en mente el panorama general y también a nivel operativo, en la resolución de problemas e implementando estrategias para hacer que el restaurante sea el mejor y el más exitoso posible.

El hecho es que te enfoques en tus propias fortalezas y trabajes continuamente en ellas a medida que avanzas en el cumplimiento de tu visión. Estarás haciendo uso de tu mejor nivel de desempeño y serás más fuerte cuando estés aprovechando tus propios talentos. Así que identifica qué es aquello que haces mejor y que te hace ser singularmente tú. Cuando te dediques a hacer lo que mejor haces, estarás creando tu propia marca, mejorando aún más tus puntos fuertes y avanzando con mayor rapidez hacia alcanzar tu visión.

Maneja tu tiempo

Cuando administras bien tu tiempo, trabajas de manera más eficaz, te concentras en tus fortalezas con más plenitud y aceleras tu viaje hacia tu visión. Según un estudio reciente de Salary.com, el 89% de los empleados admite que pierde el tiempo en el trabajo todos los días —un 31% desperdicia 30 minutos al día y otro 31% desperdicia una hora al día[21]— Una encuesta de Harris Poll enumeró las causas más frecuentes de la pérdida de tiempo de los empleados[22]:

- Haciendo llamadas o enviando mensajes de texto personales—50%

- Murmurando de otros —42%

- Usando el internet para asuntos personales —39%

- Navegando en las redes sociales —38%

- Tomando pausas para refrigerios y para fumar —27%

- Desconcentrados por compañeros de trabajo ruidosos —24%

- Asistiendo a reuniones —23%

- Enviando correos electrónicos —23%

- Recibiendo visitas de compañeros a sus puestos de trabajo —23%

- Llamando por altavoz a sus compañeros de trabajo —10%

Entonces, cuando tienes un objetivo más grande en mente te sientes más motivado a darle buen uso a tu tiempo. Pero el grado de motivación no es siempre igual al grado de ejecución. Estos son mis consejos para administrar el tiempo de manera efectiva:

1. Planifica tu tiempo con regularidad.

2. Haz planes semanales por escrito, que estén basados en metas inmediatas. Revísalos a diario y marca las tareas que has realizado.

3. Sé realista en cuanto a la cantidad de tiempo que le asignas a cada tarea y a lo que en realidad te demoras haciéndola.

4. Prioriza las tareas más importantes.

5. No aceptes más tareas a menos que sepas que tendrás tiempo para ellas después de completar las que debes realizar.

6. Desarrolla tus habilidades de concentración. Aprende a mantenerte concentrado.

7. Elimina las distracciones y concéntrate en una cosa a la vez.

8. Establece plazos y respétalos.

9. Delega tareas cuando sea apropiado y posible hacerlo.

10. Anima a los demás a no perder su tiempo. Aprende a cerrar conversaciones cuando estas obstaculizan tu concentración y te impiden terminar de hacer lo que estás haciendo.

11. Cuando te sientas abrumado, reduce la velocidad y reagrupa tus tareas. Vuelve a revisar tus planes y prioriza tu trabajo.

12. Saca tiempo para ti. Haz cosas saludables. Verás que te ayudarán a manejar el estrés y a redimir el tiempo.

Recuerda que ir tras una visión es igual que ir en una maratón, no en una carrera corta y de velocidad. Por lo tanto, ve a tu propio ritmo, avanza metódicamente y haz uso de tu tiempo de la manera más eficiente posible. Quizá, te sorprendas con la cantidad de tiempo que te ahorras al poner en práctica estos 12 consejos.

"Alcanzaremos nuestras metas solo a través de un plan en el que creamos fervientemente y que nos lleve a actuar. No hay otro camino hacia el éxito".

—PABLO PICASSO

Identifica cuándo ceñirte a tu plan —y cuándo no

Hay una línea muy fina entre ceñirte a un plan durante demasiado tiempo y abandonarlo demasiado pronto. Por un lado, no quieres ser terco, ni de mentalidad cerrada cuando un plan no funciona, ni pasar por inadvertido el hecho de que estás frente a un plan que necesita actualización; por otro lado, no quieres ser impulsivo y asustadizo y terminar abandonando o cambiando drásticamente un plan solo porque temes que no está funcionando tal y como lo previste.

¿Quieres un ejemplo de cómo ceñirte a un plan? Te daré uno mío que es muy gracioso, aunque en ese momento no me pareció tan divertido.

Hace muchos años, Oprah y yo estábamos en Florida. Para el caso, debo decir que yo solía ser un deportista talentoso —había jugado baloncesto profesional en Europa— y siempre disfruté del esquí acuático. El hecho es que Oprah me dijo que le encantaría verme esquiar, así que me sentí feliz de complacerla. Pensé que sería una buena ocasión para mostrarle algo de esa destreza atlética que solía tener.

Pues bien, esa destreza atlética permaneció oculta la misma cantidad de veces que intenté hacer alarde de ella. Fallé infinidad de veces para subirme al esquí. (En mi defensa, no tenía conmigo mi traje de esquí slalom hecho a mi medida y los trajes estándar eran muy pequeños para mi talla).

El caso es que me metí en el traje como pude y el bote arrancó y yo lograba sostenerme en el esquí, pero solo por momentos y luego caía al agua. Así lo hice no una, ni dos, ni tres, sino *15* veces. El conductor del bote miraba hacia atrás con simpatía y me decía: "¿Quieres intentarlo otra vez?". Yo asentía entre frustrado y decidido y Oprah le decía: "Será mejor que usted haga todo lo que pueda para ayudarlo a subirse a ese esquí, porque él seguirá intentándolo hasta que muera".

Mi cuerpo estaba recibiendo una gran paliza. Mis brazos estaban hinchados por todos los golpes del agua. Para hacer corta una historia larga (y dolorosa), ese día no lo logré. Estuve de mal humor toda esa noche. Hice que todos volvieran conmigo al día siguiente. Estaba determinado a esquiar hasta que me sostuviera en el agua o hasta que se me cayeran los brazos, lo que ocurriera primero.

Finalmente, a los 23 intentos (que me hicieron pensar en el Salmo 23 —*Sí, "aunque ande en el valle de sombras de la muerte…"*), por fin, logré sostenerme. Estaba esquiando. Todos aplaudieron aliviados —todos, menos yo—.

Ahora, ese no era un plan serio... pero sí fue importante para mí en ese momento. Me aferré a él (y me aferré a él, y me aferré a él). Yo sabía que era capaz de hacerlo y no iba a renunciar hasta haber logrado lo que me había propuesto hacer. Bien puedes llamar a esa aventura "Persistencia personificada".

Lo cierto es que saber cuándo seguir con un plan y cuándo ajustarlo es más una arte que una ciencia. A veces, nos aferramos a un presentimiento, sobre todo, si este persiste durante días o semanas. Si no estamos seguros, siempre es aconsejable buscar el consejo de un mentor o de un observador objetivo de nuestra entera confianza. Siempre es bueno tener al menos algunos confidentes experimentados que puedan brindarnos una perspectiva externa.

Claves del liderazgo con identidad

- Una vez que conozcas bien tu identidad y que tengas una visión acerca de tu vida o tu carrera, necesitas tener un plan para llegar a donde quieres ir. Prepárate para encontrar obstáculos en el camino —pero mantén siempre tu enfoque en tu destino y averigua paso a paso lo que necesitas hacer para llegar allí. Y eso significará hacer ajustes por el camino.

- Tu viaje es un proceso en el que aprendes a lo largo del camino. Y es exclusivo para ti. Incluso si tienes la misma visión y las mismas metas que otras personas, la manera en que tú cumplas tu visión y tus objetivos, claramente, es solo tuya. Por lo tanto, aprende de los planes de los demás, pero no intentes hacerlos coincidir paso a paso con el tuyo.

- Debido a que nada sale exactamente de acuerdo con ningún plan, confía en tus instintos cuando se trate de saber cuándo seguir con tu plan y cuándo ajustarlo.

Activación 1: Estableciendo tus metas

En las dos últimas activaciones del Paso 2 escribiste sobre lo que quieres lograr, por qué quieres ser recordado, qué quieres experimentar y cuál es tu visión. Con eso en mente, escribe metas que te ayuden a lograr eso que quieres lograr. Te sugeriré algunas categorías diferentes en las cuales centrarte.

Escriba metas tipo SMART —es decir: específicas, (Specific) medibles (Measurable), alcanzables (Attainable), relevantes (Relevant) y dentro de un tiempo establecido (Time-based). (Por ejemplo, una meta en el campo de la salud podría ser caminar durante un promedio de 30 minutos, tres veces a la semana, durante los próximos dos meses).

Mis metas profesionales:

1. _____

2. _____

3. _____

4. _____

5. _____

Mis metas personales:

1. _____

2. _____

3. _____

4. _____

5. _____

Las metas generales de mi vida/mi legado:

1. _____

2. _____

3. _____

4. _____

5. _____

Otras categorías de metas (nombra la categoría, por ejemplo: salud, espiritual, etc.):

1. _____

2. _____

3. _____

4. _____

5. _____

Activación 2:
Pasos de acción hacia alcanzar tus metas

Ahora, toma una de las metas que acabas de elegir y escribe los pasos de acción que creas que necesitarás dar para alcanzar esa meta.

Por ejemplo, digamos que tu objetivo es perder seis libras de peso en seis semanas. Algunos de los pasos hacia esta meta vendrían siendo:

- Irme a la cama a las 10:30 p.m., porque suelo quedarme despierto hasta tarde y comer comida chatarra después de las 11 p.m.

- Caminar al menos 30 minutos, cinco veces a la semana.

- Dejar de consumir dulce —caramelos, helados y pasteles—. En cambio, comer fruta y otras meriendas saludables.

- Usar una aplicación relacionada con nutrición que me sirva para hacerle seguimiento a mi nutrición y que me anime a comer de manera más saludable.

- Hacer mercado cuando esté lleno.

- Reducir mi ingesta de carbohidratos a 150 gramos al día.

- Beber más agua y eliminar todos los refrescos.

Ahora es tu turno. Por supuesto, puedes hacer esto mismo con más de una meta —de hecho, te insto a que lo hagas—. Pero por ahora, para comenzar, concéntrate en una.

Mi meta es:

_____

Mis pasos de acción hacia mi meta son:

1. _____

2. _____

3. _____

4. _____

5. _____

Activación 3: Mantente enfocado

Revisa la siguiente lista y califica cada ítem según sea el nivel de obstáculo que este represente para ti cuando tratas de centrar tu atención y tu motivación en el cumplimiento de tus metas. Luego, escribe en las líneas que aparecen debajo de esta lista cuáles serían los pasos específicos y prácticos que podrías dar para superar cualquiera de los obstáculos que hayas calificado con 4 o 5.

	1 No es ningún obstáculo	2 Casi nunca es un obstáculo	3 Es un obstáculo ocasional	4 Es un obstáculo frecuente	5 Es un obstáculo constante
Procrastinación					
Estrés					
Hacer multitareas					
Compañeros y amigos					
Tecnología/ Redes sociales					
Aburrimiento					
Pérdida de tiempo					
Lamentarme por el pasado					
Preocuparme por el futuro					
Dejar lo importante por atender lo urgente					
Miedo y ansiedad					
Falta de propósito					

Apatía					
Falta de control					
Otro					

Mi estrategia para superar los obstáculos que califiqué con 4 o 5 es:

1. _____

2. _____

3. _____

4. _____

5. _____

CAPÍTULO 12

Paso 4:
Domina las reglas del camino

Te conviertes en aquello en lo que te enfocas.
Usa tu tiempo sabiamente.

Imagínate lo caótico que sería si los conductores no tuvieran reglas que los guiaran en el camino. Lo mismo ocurre contigo a medida que avanzas rumbo a tu propio destino. En esta sección, compartiré contigo nueve reglas que desarrollé a lo largo de mi propio viaje.

1. **Mantente firme.** Llegarán momentos difíciles y habrá muchas ocasiones en que te sentirás desanimado y frustrado. Por lo tanto, procura aceptar esos sentimientos y encuentra la manera de navegar en medio de esos momentos difíciles. No llegarás a tu meta si te rindes al encontrar baches en la carretera.

2. **Escucha tu voz interior.** Esa voz interior te dirá cuándo las cosas van mal, cuándo necesitas adaptarte, cuándo pedir ayuda y cuándo investigar sobre lo que sientas que te esté haciendo falta para seguir avanzando en tu camino. También te guiará a la hora de tomar decisiones. Pero debes saber que esta voz interior también podría convertirse en una espada de doble filo. Si tiendes a ser pesimista o

tienes baja autoestima, es posible que escuches que esa voz interior te dice que no lograrás tu meta y que estás destinado a fracasar. Aprende a distinguir entre la voz que proviene de la sabiduría y esa que emana del miedo.

3. **Dale rienda suelta a tu imaginación.** La imaginación está directamente ligada a la visión. Cuanto mayor sea tu capacidad para imaginar, mayor será la visión que seas capaz de crear. La imaginación es una cuestión de creatividad, pero abarca más que eso. Para usar tu imaginación necesitas el coraje y la voluntad necesarios para correr riesgos. La imaginación exige que tengas una mentalidad abierta, que veas las cosas desde varios ángulos y a través de distintas perspectivas y posibilidades. La imaginación exige que veas lo extraordinario en medio de lo común. Uno de los muchos beneficios de usar tu imaginación es que te abre muchas oportunidades.

4. **Encuentra el equilibrio en tu vida.** Cuando estás trabajando en pos de tus metas y estás muy motivado y con deseos de lograrlas es fácil perder el equilibrio —adquirir una visión de túnel, volverte adicto a tu trabajo y poner todos tus huevos en una sola canastilla—. El hecho es que cuando esto pasa terminan afectándose tus relaciones y tu bienestar físico y emocional, así como tu salud mental y espiritual. Sí, está muy bien que persigas tus metas, solo que es indispensable que mantengas tus metas y tu vida en perspectiva. Una vida equilibrada te ayudará a alcanzar tus metas de maneras más saludables. Procura recargar tu mente y tu espíritu y volver a tus metas sintiéndote fresco y renovado. Te recomiendo que hagas ejercicio con regularidad. Come bien. Duerme de siete a ocho horas cada noche. Invierte en tus relaciones. Cuida tu salud mental y emocional. Así como buscarías la ayuda de un médico para que te practique un examen físico, debido a una dolencia,

así mismo busca ayuda de un consejero cuando observes que te sientes mental o emocionalmente débil. También es importante que cuides tu bienestar espiritual de formas que te refresquen y te den energía.

5. **Sé honesto.** Sé honesto contigo mismo y con los demás. El acto de confiar está basado en la honestidad. Si las personas no te creen, si no pueden confiar en que lo que les estás diciendo es exacto y verdadero, su actitud obstaculizará tus relaciones, lo cual afectará tu capacidad para cumplir tu visión. Y cuando eres honesto contigo mismo, cuando reconoces tus limitaciones y problemas y que necesitas ayuda y buscar consejo, te sientes mejor.

6. **Haz tu trabajo.** Puedes tener el mejor plan del mundo para lograr tu visión, pero si no lo ejecutas, nada pasará. No cometas el error de alardear de tu capacidad de trabajo para terminar no dándole a cada tarea la energía y la atención que se requiera. Y no seas un procrastinador. Martin Luther King Jr. afirmó: "La fe es subir el primer escalón incluso cuando no ves toda la escalera".

Puedes tener el mejor plan del mundo para lograr tu visión, pero si no lo ejecutas, nada pasará.

7. **Sé positivo.** La actitud lo es todo. Henry Ford dijo: "Si crees que puedes hacerlo o crees que no puedes hacerlo, en ambos casos tendrás razón". Una actitud negativa ve puertas cerradas y asume que no se pueden abrir. Una actitud positiva ve puertas cerradas y asume que hay grandes oportunidades más allá de esas puertas y se acerca a ellas en busca de maneras de abrirlas.

8. **Piensa las cosas.** Encuentra el equilibrio entre aprovechar el día y responder juiciosamente. Sí, tú quieres aprovechar las buenas oportunidades que se te presenten —pero la

clave es que tienen que ser *buenas*—. No todo lo que parece bueno a primera vista realmente lo es. Bien vale la pena que analices primero las inversiones, compras y decisiones que vas a hacer, pues afectarán el progreso de tu visión. De ahí la importancia de que lo pienses bien antes de hacer cualquier movimiento.

9. **Observa el panorama general.** Los líderes con identidad ven el panorama general —ese es decir, ven más allá de sí mismos—. Ellos ven cómo su vida, sus empresas y la visión que persiguen marcarán la diferencia en la vida de los demás. Como líder con identidad, tú no estás generando oportunidades solo para ti, ni trabajando solo para ir en pos de tu propia visión; también estás generando oportunidades para otros y contribuyendo a que ellos también avancen hacia su propia visión.

> "La única persona en la que estás destinado a convertirte es en la persona que decidas ser".
> —RALPH WALDO EMERSON

10 consejos para erradicar la procrastinación

1. **Escribe tu meta y establece una fecha límite**. Estos dos simples actos suelen darle paso a la acción.

2. **Divide tu meta en partes pequeñas.** Concéntrate en lo que puedas hacer hoy.

3. **Sé responsable ante alguien.** Hazles saber a otros sobre tus metas e invítalos a comprobar tu progreso.

4. **Deja de pensar y empieza a hacer.** A veces, pensamos demasiado en hacer las cosas y terminamos congelados y

no haciendo nada. Trabajar un poco —así lo que hagas no esté muy bien hecho y termines rehaciéndolo más tarde— es mejor que no hacer nada. Así, saldrás de esa fase de congelamiento. Solo da el primer paso.

5. **Toma una decisión. Cualquiera que sea.** Theodore Roosevelt dijo: "En cualquier momento de decisión, lo mejor que puedes hacer es hacer lo correcto, lo siguiente mejor que puedes hacer es lo incorrecto, pero lo peor que puedes hacer es no hacer nada".

6. **Enfréntate a tus miedos.** No hagas montañas con un grano de arena. Una vez que comienzas a trabajar, tus miedos comienzan a disminuir.

7. **Empieza con la tarea más difícil de cada día.** Incluso si —sobre todo si— te parece enorme. No se completa una maratón en un solo paso. La completas en una serie de pasos, un paso a la vez. Concéntrate en el paso que tienes delante.

8. **No seas perfeccionista.** Nada es perfecto —y alguna cosa debe hacerse antes de que haya necesidad de rehacerla.

9. **Apaga tu teléfono.** Las investigaciones muestran que el promedio de los adultos estadounidenses pasan entre tres y cuatro horas en su teléfono inteligente todos los días. Ese tiempo se duplicó de 2012 a 2018.

10. **Recompénsate.** A veces, darte una recompensa una vez que hayas terminado una tarea o alcanzado un objetivo es un incentivo muy bueno que te animará a seguir adelante.

"Quizá, cambie con lo que me suceda, pero me niego a ser reducida por eso".
—MAYA ANGELOU

Claves del liderazgo con identidad

- A medida que avanzas en tu viaje de liderazgo con identidad, algunas claves —yo las llamo reglas del camino— te ayudarán a avanzar más que otras. Prepárate para afrontar situaciones difíciles y descubrir formas de evitarlas o solucionarlas. Además, necesitas escuchar tu voz interior cuando tengas que desviarte o ajustar tu ruta. Y también necesitas darle rienda suelta a tu imaginación de tal modo que logres ingeniártelas para crear y ver posibilidades que surjan en tu camino.

- El viaje es largo. Necesitas encontrar y mantener el equilibrio en tu vida —al tiempo que cuidas tu salud mental, emocional, física y espiritual.

- Los líderes con identidad tienen la capacidad de ver más allá de sí mismos. Ellos ven el panorama general y cómo encajar en él. Ven cómo hacer para marcar allí la diferencia.

Activación 1: Rasgos que definen tu carácter

De la siguiente lista, selecciona dos grupos de hasta cinco rasgos de tu carácter. El primer grupo estará compuesto por aquellos rasgos en los que crees que sobresales. El segundo grupo incluirá los rasgos que crees que son importantes para tus habilidades de liderazgo, pero que necesitas mejorar.

Rasgos del carácter		
Rinde cuentas	Perspicaz	No juzga
Cariñoso	Empático	Mente amplia
Atento	Atractivo	Dispuesto
Humano	Amistoso	Optimista
Comprometido	Generoso	Con principios
Tierno	Honesto	De confianza
Consistente	Humilde	Razonable
Convincente	Imaginativo	Responsable
Valiente	Amable	Buen sentido del humor
Curioso	Leal	Sincero
Confiable	Modesto	Intransigente
Diligente	Moral	Altruista
		Otros):

Paso 1: Elije los rasgos que mejor te definan, los rasgos en los que sobresales y que los demás reconocerían como fortalezas en ti. Escoge hasta cinco rasgos.

1. _____

2. _____

3. _____

4. _____

5. _____

Paso 2: Elije los rasgos que creas que son importantes para tu éxito como líder con identidad, pero en los cuales necesitas crecer. Escoge hasta cinco rasgos.

1. _____

2. _____

3. _____

4. _____

5. _____

Activación 2: Tus propias reglas del camino

Regresa a esos 10 rasgos que elegiste en la activación anterior —
tus cinco mejores fortalezas y las cinco en las que quieres crecer—.
Usa esos rasgos para redactar tus propias reglas del camino.

Paso 1: Piensa en cómo podrías usar esos cinco rasgos fuertes
para crecer aún más como líder con identidad. Enumera cada
rasgo nuevamente y ahora escribe cómo podrías aprovechar ese
rasgo para lograr mayor crecimiento.

1. _____

2. _____

3. _____

4. _____

5. _____

Paso 2: Piensa en lo que podrías hacer para fortalecer los cinco
rasgos importantes en los que sientes que necesitas crecer.

1. _____

2. _____

3. _____

4. _____

5. _____

CAPÍTULO 13

Paso 5:
Avanza hacia límites exteriores

Libera el miedo y avanza hacia lo que puede ser.

The *Outer Limits* fue un programa de televisión de ciencia ficción a mediados de 1960 que tenía su lado espeluznante. Siempre comenzaba con una narración en off que te decía que no intentaras ajustar la imagen de tu televisor, porque ellos lo estaban controlando. Controlaban el volumen, la imagen horizontal, la vertical, la nitidez y, por supuesto, a ti.

Avanzar hacia límites exteriores y adentrarse en ellos le causa miedo a mucha gente, porque hacerlo requiere tomar riesgos. Y tomar riesgos significa que no estás en control del resultado. Puedes fallar. Puedes parecer tonto o ser humillado (o ambos). ¿Quién quiere arriesgarse a eso?

¡Tú! O por lo menos, deberías intentarlo. Déjame explicarte por qué.

Toma riesgos

Estoy seguro de que has escuchado la expresión "quien no arriesga, no gana". Imagínate a una mariposa que se quedó para siempre en su capullo. Emerger de él es un proceso natural en la vida de la mariposa; evitarlo, literalmente, la mataría y privaría al mundo de ver su belleza al extender sus alas y volar.

Ahora, moverte en el campo de lo seguro no te matará literalmente, porque tú eres autónomo en cuanto a hacer esa elección con respecto a tu vida. Tú puedes elegir no arriesgar nada, pero pagas las consecuencias de vivir de esa manera. Mira lo que estos triunfadores tienen que decir sobre el hecho de tomar riesgos:

- Mark Zuckerberg: "El mayor riesgo es no correr ningún riesgo. En un mundo que está cambiando muy rápido, la única estrategia que garantiza el fracaso es la de no correr riesgos".

- Frank Scully: "¿Por qué no arriesgarse? ¿No es ahí donde se esconde lo mejor de lo mejor?

- William G. T. Shedd: "Un barco está seguro en el puerto, pero eso no es para lo que están construidos los barcos".

Dicho de otro modo, si quieres lograr algo que estás buscando, si quieres realizar un sueño que llevas guardado en tu corazón desde hace mucho tiempo, vas a tener que arriesgarte en aras de que eso suceda. Y traspasar los límites externos significa tomar riesgos.

Deja tu zona de confort

Tú eres el rey o la reina de tu zona de confort. Tú reinas sobre todo en eso. Tú controlas todo allí. Conoces todo lo que hay en ese mundo.

Sin embargo, para muchos su zona de confort es en realidad más una prisión que cualquier otra cosa, pues esta zona evita que las personas experimenten todo lo que la vida tiene para darles. Es como una de esas cercas invisibles que mantienen a los perros en sus patios. Puede que ellos vean el mundo que hay más allá, pero no se atreven a salirse de su espacio.

Bueno, los perros con cercas invisibles no tienen otra opción —pero nosotros sí—. Nosotros tenemos la opción de ir más allá de nuestra zona de confort. ¿Y tú sabes lo que sucederá cuando nos aventuremos a atravesar esos límites exteriores y vayamos más allá de nuestra zona de confort?

- Encontraremos desafíos y luchas.

- Enfrentaremos miedo y frustración.

- Experimentaremos el fracaso —y el éxito.

- Adquiriremos nueva información y conocimientos.

- Aprenderemos cosas sobre nosotros mismos que nunca podríamos haber aprendido de otra manera.

- Creceremos.

- Ganaremos confianza y sabiduría.

- Aprenderemos a determinar cuándo correr un riesgo y cuándo no.

- Perfeccionaremos viejas habilidades y adquiriremos nuevas.

- Conoceremos a personas que nos ayudarán a crecer.

- Obtendremos una mayor claridad de nuestra visión.

- Tropezaremos y caeremos.

- Volveremos a levantarnos.

- Seremos probados en el camino.

- Ganaremos fuerza y coraje a medida que pasamos por esas pruebas.

- Nos sentiremos inspirados, queriendo ensanchar nuestros límites aún más.

- Nos daremos cuenta del valor de salir de nuestra zona de confort y desearemos haberlo hecho mucho antes.

- Ya no temeremos al fracaso.

- Encontraremos una mayor alegría en nuestra vida diaria, porque estaremos haciendo lo que estábamos destinados a hacer.

- Dejaremos de ser controlados por lo que otras personas opinen acerca de nosotros.

- Tendremos más y mayores oportunidades a nuestra disposición.

Para muchos, su zona de confort es en realidad más una prisión que cualquier otra cosa, pues esta zona evita que las personas experimenten todo lo que la vida tiene para darles. Es como una de esas cercas invisibles que mantienen a los perros en sus patios.

Mi punto no es que las zonas de confort sean malas. Las zonas de confort son indicadores de dónde están nuestras fortalezas. Nos sentimos cómodos en ellas, porque ahí es donde somos más fuertes, así que no son malas en absoluto.

Mi punto es que deberíamos querer *expandirlas*. Deberíamos querer profundizar en las habilidades que tenemos y aprender nuevas, sobre todo, cuando esas nuevas son importantes para lograr nuestra visión. Deberíamos buscar nuevas experiencias que nos ayuden a avanzar hacia esa visión.

En realidad, se trata de ampliar esos límites, de ampliar tu capacidad de alcance y darte la libertad de moverte en la dirección que te lleve hacia todas esas nuevas experiencias que necesitas adquirir para ser un líder con identidad.

"Al salir de tu zona de confort, lo que una vez fue desconocido y aterrador se convierte en tu nueva normalidad".

—Robin Sharma

Supera el miedo

El miedo es una emoción poderosa y a menudo funciona cuando se trata de autopreservación. Es indudable que el miedo te advierte sobre situaciones peligrosas: alguien que conduce imprudentemente hacia ti, una pandilla de matones que se te está acercando en medio de una calle oscura, está comenzando a producirse un incendio en tu casa. Todas esas son situaciones aterradoras y las emociones que surjan en esos momentos te ayudarán a responder a lo que sea que estés enfrentando.

Sin embargo, el miedo también es común en otras circunstancias y, si llegas a acobardarte por la emoción que se suele sentir en estos casos, terminarás perjudicándote. Por ejemplo, no solicitas un nuevo trabajo, no tomas una clase determinada, no exploras nuevas habilidades, no buscas más experiencias, ni luchas para ser parte de un proyecto de equipo, porque temes que crean que no eres apto para ello.

En estos casos, el miedo se vuelve paralizante y te impide alcanzar lo que puedes y quieres hacer. Los líderes con identidad deben aprender a no rendirse ante este tipo de miedo. Cuando las personas miran hacia atrás y recuerdan todas esas oportunidades que han perdido, el miedo ha sido el común denominador. A lo mejor, las razones que ellas tuvieron para acobardase fueron diferentes, pero todas se reducen a que sintieron miedo de lo que sucedería si intentaban algo nuevo.

Por eso, lamentablemente, muchos no intentan nada. Lo único que se limitan a hacer es a mirar hacia atrás al final de su vida, lamentando no haber intentado todo aquello que dejaron pasar de largo por puro temor.

Siete claves para superar el miedo

El miedo tiende a ser debilitante. Sin embargo, es posible dominarlo. Te daré algunos consejos sobre cómo hacerlo.

1. **Define tu miedo.** A veces, los miedos son vagos y elusivos —tienes miedo, pero no sabes de qué, ni por qué—. Por esa razón, necesitas conocer a tu oponente antes de poder vencerlo. ¿Tienes miedo de hablar en público? ¿De liderar un equipo en el cual la persona X hace parte de él? ¿De reuniones con grupos grandes? ¿De solucionar un problema con un empleado a tu cargo? Ser consciente de que tienes miedo te colocará en una posición de poder sobre él.

2. **Busca la raíz de tu miedo.** Luego, profundiza y trata de entender *por qué sientes* ese miedo. ¿Qué hay de raro en esa persona o en esas reuniones con grupos grandes que te hacen sudar las palmas de las manos o te generan ese sentimiento de pavor? ¿Por qué eso se te vuelve tan aterrador?

3. **Visualiza que tendrás éxito.** En lugar de preocuparte por tu desempeño en un área a la que le temes, proyéctate actuando con calma, con confianza y eficacia. La visualización es una habilidad que ponen en práctica las personas exitosas en todos los campos, ámbitos y actividades de la vida.

4. **Sé proactivo.** Superar el miedo es una batalla. Si te retiras de ella, no tendrás la oportunidad de luchar. Cuando eres reactivo, le das ventaja al enemigo —en este caso, al miedo—. En cambio, cuando eres proactivo, haces que el

miedo huya de ti. Ser proactivo significa idear un plan —unos pasos medibles y prácticos para superar tu miedo.

5. **Sal de tu zona de confort.** Necesitas hacerlo para enfrentar tu miedo, porque nunca lo sentirás estando en ella. Por lo tanto, tendrás que dar un paso afuera para enfrentarlo. Ahí es donde tu habilidad de visualizar tu éxito te ayudará —dándote el valor que necesitas para avanzar.

6. **Enfrenta tus miedos —con cierta regularidad—**. Nadie quiere enfrentar sus miedos, pero ese es el paso más sabio que hay que dar para derrotarlos. ¿Por qué? Porque cuando estamos expuestos una y otra vez a esos mismos estímulos temibles, estos terminan por volverse aburridores y débiles. Por otro lado, si evitamos algo que tememos, esto solo se vuelve más poderoso y aterrador para nosotros. Por ejemplo, digamos que le tienes miedo a hablar en público. Si evitas hacerlo, ese miedo crece y tú entras en pánico cada vez que te veas obligado a hablar en público. En cambio, si buscas oportunidades para hablar frente a otras personas —así sea para darles un mensaje corto e informal—, descubrirás que hablar frente a otros no es tan difícil como pensabas y que, después de todo, sobrevivirás. Incluso podrías llegar a disfrutarlo.

7. **Concéntrate en el presente.** Uno de los motivos más poderosos para sentir miedo es preocuparte por el futuro. El futuro es desconocido y lo desconocido tiende a dar miedo. Por consiguiente, el miedo quiere que sigas mirando al futuro. Sin embargo, lo que debes hacer es enfocarte en el presente. ¿Estás bien? En términos de cualquiera que sea tu razón para sentir miedo, ¿cuál es tu realidad en este momento? Lo más probable es que estés bien, o al menos, bajo control —no estás viviendo nada tan espantoso como la imagen que el miedo te está pintando con respecto a tu

futuro—. Entonces, enfócate en la verdad de tu bienestar, no en las posibilidades tan aterradoras que podrían (o puede que no) presentársete en el futuro.

"Aprendí que el coraje no era la ausencia de miedo, sino el triunfo sobre él. Valiente no es aquel que no siente miedo, sino el que vence ese miedo".

—NELSON MANDELA

Está permitido fallar

Todos los que han logrado algo digno de mencionar han experimentado muchos fracasos en el camino. Todos. El fracaso es la puerta de entrada al éxito.

Thomas Edison, en su camino a inventar la bombilla, manifestó: "No he fallado. Simplemente, encontré 10.000 formas de hacerlo que no funcionan".

Winston Churchill afirmó: "El éxito es ir de fracaso en fracaso sin perder el entusiasmo".

J. M. Barrie aseveró: "Todos somos fracasados —o al menos, los mejores de nosotros lo somos".

C. S. Lewis dijo: "Las fallas son señales en el camino hacia lograr tu meta".

Todos estos son hombres que alcanzaron la grandeza y el hilo conductor en sus mensajes es que no solo está bien fracasar, sino que es necesario para alcanzar nuestro potencial al máximo.

El fracaso es temporal. Y aunque suele ser doloroso experimentarlo, también es un gran maestro. Aprendemos de lo que hicimos mal.

Aprendemos lo que necesitamos mejorar. Aprendemos diferentes tácticas y estrategias. Encontramos nuevas oportunidades.

Del fracaso sacamos muchas lecciones valiosas, pero la más valiosa de todas es que está bien fracasar. El fracaso no es permanente, ni debilitante. No es tan malo como pensamos, al igual que el temor —cuando lo enfrentamos—. Por lo menos, no es tan malo como pensábamos que era. El fracaso es una experiencia de la que aprendemos, con la cual crecemos y avanzamos —la mejor de todas, debido al conocimiento que hemos adquirido y, de hecho, nos lleva un paso más cerca de lo que queremos lograr.

Sí, el fracaso también puede acercarte a tu objetivo. Porque, parafraseando a Edison, has encontrado una forma más que no funciona. Y sabiendo lo que no funciona, te acercas cada vez más a lo que sí funciona. Pero no te acercarás, si no te arriesgas a fallar.

Claves del liderazgo con identidad

- Para lograr algo grandioso, para alcanzar tu visión, necesitarás tomar riesgos. No puedes quedarte en tu zona de confort, ni seguir haciendo lo que siempre has hecho, *esperando* que de ese modo crecerás y lograrás lo que aún no has logrado y tanto anhelas.

- En tu viaje hacia tu liderazgo con identidad el miedo tiende a ser paralizante. El temor puede impedirte sacar a relucir tus dones y habilidades. Necesitas enfrentarte a él de frente, comprender cuáles son sus raíces y ser proactivo en tu lucha por superarlo.

- Muchas personas no se arriesgan, ni abandonan sus zonas de confort, porque tienen miedo de fallar. La gente muy exitosa fracasa —bastantes veces— y utiliza esos fracasos para aprender y crecer y llegar a donde, de otra manera, no podrían. Aprenderás muchas lecciones valiosas de tus fracasos.

Activación 1: Amplía tu zona de comodidad

Responde las siguientes preguntas con el fin de determinar cuál es tu zona de confort —y cómo puedes ir más allá de ella.

¿Cuál es tu zona de confort en tu vida profesional? ¿Cuáles son las principales razones por las cuales te sientes cómodo en el campo laboral?

_____

_____

¿Qué te hace sentir incómodo cuando se trata de ir más allá de esa zona?

_____

_____

¿Cómo te limita tu zona de confort?

_____

_____

¿Qué crecimiento profesional hay más allá de tu zona de confort?

_____

_____

¿Qué te impide ir más allá de tu zona de confort?

_____

_____

¿Qué te motivaría a ir más allá de tu zona de confort?

_____

_____

¿Cuáles son las tres acciones que podrías implementar para ir más allá de tu zona de confort?

1. _____

2. _____

3. _____

Activación 2: Asume los riesgos de alzar vuelo

Si no estás dispuesto a correr riesgos, eres como ese piloto de aerolínea que está atado a tierra a menos que él o ella hagan lo necesario para volar de verdad. Estar en el aire te ofrece una gran vista de la panorámica de la tierra, ayudándote a expandir tu visión y a alcanzar tus metas mucho más rápido que si te aferras a quedarte en la pista. Responde las siguientes preguntas y evalúa tu habilidad para tomar riesgos.

¿Cuál es ese riesgo específico que estarías dispuesto a correr y que te motivaría a ser más eficiente y efectivo en el cumplimiento de tu visión?

_____

_____

¿Qué es lo que más temes de correr ese riesgo?

_____

_____

¿Qué es lo peor que podría pasar si te arriesgaras y fracasas?

_____

_____

¿Qué es lo mejor que podría suceder si te arriesgas y tienes éxito?

_____

_____

¿Sobrevivirías si te arriesgaras y fracasas? ¿Por qué?

_____

_____

¿Cuál fue el último riesgo significativo que tomaste y cuál fue el resultado?

_____

_____

¿Por qué decidiste que valía la pena arriesgarte?

_____

_____

¿Qué aprendiste al correr ese riesgo?

_____

_____

CAPÍTULO 14

Paso 6:
Afrontando los vientos del cambio

Tú tienes el poder de cambiar y ese es el desafío.

La naturaleza de la vida es el cambio. Y aunque a muchos no les gusta cambiar, hay que admitir que la vida sería bastante aburrida si todos los días fueran iguales. Sería como la película *Groundhog Day*, en la que Bill Murray estuvo atrapado en el mismo día durante días y días. Estar atrapados en el mismo día todos los días sería una pesadilla más grande que tener que enfrentar constantemente el cambio.

Entonces, la pregunta es: ¿cómo manejar el cambio? Eso es lo que exploraremos en esta sección.

Démosle la bienvenida al cambio

Acabo de decir que a la mayoría de la gente no le gusta el cambio. Es lo mismo que ser reacio a salir de tu zona de confort y a enfrentar tus miedos, de lo cual hablamos en el paso anterior. El caso es que los líderes con identidad que avanzan más rápido y logran las metas más altas son aquellos que saben acoger el cambio en su vida.

Los líderes con identidad que avanzan más rápido y logran las metas más altas son aquellos que saben acoger el cambio en su vida.

Aquí cabe mencionar la mentalidad del vaso medio lleno versus la del vaso medio vacío. Cuando ves el cambio desde una postura optimista, todo —perdón por el retruécano—, pero vale decir que todo cambia. A continuación, te mostraré una comparación de una perspectiva de cambio positiva frente a una perspectiva negativa:

Perspectiva positiva	Perspectiva negativa
Le da la bienvenida al cambio	Le teme al cambio
Ve oportunidades	Ve pérdidas
Visualiza el éxito	Visualiza el fracaso
No tiene miedo de fallar	Le teme al fracaso
Genera un comportamiento energético	Genera un comportamiento ansioso
Quiere crecimiento	Prefiere el statu quo
Propia de los líderes	Propia de los seguidores

Cada libro y película tiene puntos de inflexión —momentos de la trama que son fundamentales, a menudo sorprendentes, que le dan energía a la historia y la hacen avanzar de formas inesperadas a medida que esta llega a su fin—. Eso es justo lo que significa el cambio para nosotros. Son los puntos de la trama en nuestra vida que nos mueven hacia adelante y nos llevan a la meta de formas casi siempre inesperadas.

Sí, el cambio podría empaquetarse en una caja etiquetada como "contenido desconocido". Y dependiendo de lo que esté en juego, esa caja tiende a ser un poco aterradora de abrir. Pero los líderes con identidad no tienen miedo de abrirla. ¿Sabes por qué?

Porque ellos saben que sucederá una de dos cosas: que el cambio será bueno y le dará paso a oportunidades inmediatas de crecimiento y liderazgo o que, por el contrario, el cambio traerá consigo desafíos —que ellos convertirán en nuevas posibilidades de crecimiento y liderazgo—. Eso no significa que todo cambio sea bueno o fácil; significa que los líderes con identidad saben cómo manejar y superar el cambio y, en última instancia, lo convierten en algo bueno. Ellos saben cómo afrontar los cambios, incluso si estos son difíciles.

En otras palabras, los líderes con identidad dominan el cambio en lugar de dejar que el cambio los domine a ellos.

Cuando ves el cambio desde ese ángulo, lo recibes de buena manera, porque sabes que, finalmente, será para bien.

"Tu vida no mejora por casualidad, mejora con el cambio".

—JIM ROHN

Navegando por las etapas del cambio

Al estudiar el cambio, he identificado cuatro etapas que todos experimentamos al afrontarlo. A continuación, les echaremos un breve vistazo a las etapas del cambio.

Etapa 1: Aparece el cambio

En esta etapa, debemos dejar ir las cosas viejas y darles la bienvenida a las nuevas. Es más fácil decirlo que hacerlo, ¿verdad? Lo viejo es conocido y cómodo; lo nuevo, incluso si es emocionante y prometedor, sigue siendo desconocido e implica desafíos y riesgos. No nos gusta dejar de lado las cosas viejas, sobre todo, si nos parecen buenas, pero a veces, incluso si nos parecen malas o menos que deseables, nos sentimos reacios a renunciar a lo que ya nos hemos acostumbrado. Con frecuencia, observas este comportamiento con mujeres que son abusadas, pero permanecen en la relación aunque esta sea abusiva.

Etapa 2: Respondemos al cambio

En la etapa 2, respondemos al cambio que se avecina —a veces, con una mentalidad negativa; otras veces, de manera positiva. Está bien tener emociones negativas sobre cambios inminentes. De hecho, es importante reconocer cualquier emoción que sientas. En ocasiones, cambiar significa dejar ir lo bueno para ganar algo mejor. En ese caso, podemos encontrarnos lidiando con ira, tristeza, ansiedad o con una serie de otras emociones acerca de dejar ir eso que nos parece bueno. Incluso un buen cambio puede traer consigo una sensación de pérdida. En todo caso, lo mejor es enfrentarlo y prepararte para darle paso a lo que está por venir.

Etapa 3: Nos comprometemos con el cambio

En esta etapa, el cambio se ha dado por completo en nuestra vida. Ya no se trata de una posibilidad inminente o de un cambio que se acerca a gran velocidad; ahora, estamos inmersos en él, bien sea para bien o para mal.

A veces, comprometerte con un cambio es algo así como montar un toro. A ratos, sientes que lo dominas y luego, en el siguiente momento, te resistes por completo a aceptarlo.

A medida que te comprometas con el cambio, ten servirán estos consejos:

- **Avanza.** No te enredes en mirar atrás, ni en anhelar los buenos viejos tiempos. Pon tu mirada en el presente y en lo que está por venir. Este es el punto donde debes aceptar el cambio, porque necesitas estar presente en la realidad en que te encuentras.

- **Prepárate para expandir o cambiar tu visión.** Tu visión no está destinada a permanecer estancada. Por el contrario, crece y se desarrolla a medida que tú también creces y te desarrollas. El cambio es un muy buen momento para revisar tu visión y explorar cómo esta se verá afectada. Con frecuencia, el cambio revela nuevas oportunidades de crecimiento, así que busca esas oportunidades y ajusta tu visión en consecuencia a ese cambio.

- **Hazlo paso a paso.** Esto es igualmente cierto si te sientes emocionado por el cambio o si lo estás temiendo. De cualquier manera, da solo un paso a la vez. No te dejes llevar por las dudas con respecto a lo que ocurrirá dentro de seis meses o un año. Solo enfócate en los que necesitas hacer y aprender hoy. Mañana será otro día.

- **Mantente enfocado en tus objetivos principales.** El cambio siempre tiene sus propias formas de sacudir nuestra vida. Eso no es del todo malo, pero al hacerlo tiende a llevar nuestro enfoque fuera de nuestras metas. Po consiguiente, no las pierdas de vista a medida que afrontas cualquiera que sea el cambio que está ocurriendo en tu vida.

- **Cuídate.** El cambio puede ser estimulante… y también agotador. Nos quita mucha energía y exige mucha atención de nuestra parte. En medio del cambio podríamos fácilmente descuidar nuestra salud en general —física, mental, emocional y espiritual—. También podríamos descuidar nuestras relaciones y las responsabilidades que se encuentran fuera de esa nueva zona de cambio. Cuando sabes cuidar de tu salud en general, y mantienes relaciones saludables, te estás haciendo cargo de ti mismo como debe ser y, por consiguiente, estás en mejores condiciones para afrontar cualquier cambio.

"Si siempre haces lo que siempre has hecho, siempre obtendrás lo que siempre has obtenido".
—HENRY FORD

Etapa 4: Crecemos a través del cambio

Esta es la etapa en la que todo vale la pena. Sabemos cómo afrontar el cambio y creceremos a través de él —sin importar lo bueno o lo malo que parezca al principio— cuando:

- Dejamos ir las cosas viejas y les damos la bienvenida a las nuevas

- Reconocemos todas nuestras emociones con respecto al cambio y las afrontamos de manera efectiva

- Adoptamos una actitud positiva hacia el cambio

- Avanzamos a la par con el cambio

- Nos mantenemos enfocados en nuestras metas

- Nos cuidamos durante el proceso

No esperes que el crecimiento sea un esfuerzo continuo y fluido. Quizá, sea un proceso de dos pasos hacia adelante y un paso hacia atrás. Tal vez, te detengas y vuelvas a comenzar. A veces, te parecerá que no vas a ninguna parte, pero cuando miras atrás, lo más probable será que te des cuenta que estabas progresando poco a poco, pero todo el tiempo.

Intenta llevar un diario durante esta etapa y en todas las etapas del cambio. Te ayudará a realizar un seguimiento de dónde te encuentras no solo en el momento, sino a lo largo del camino hacia el cambio. Así, detectarás con más facilidad el progreso que has logrado, las nuevas habilidades y experiencias que has adquirido y lo que has aprendido. Te tranquilizarás y navegarás más a gusto por todas y cada una de las etapas del cambio.

Claves del liderazgo con identidad

- Los líderes con identidad no le temen al cambio —de hecho, ellos aprenden a aceptarlo y a usarlo en beneficio propio.

- El cambio requiere dejar ir lo viejo y aceptar lo nuevo. Trae consigo una variedad de emociones y, a menudo, una sensación de pérdida, pero cuando nos comprometemos con él, comenzamos a ver las nuevas oportunidades que este nos presenta.

- Cuando tenemos una actitud positiva hacia el cambio, experimentamos el crecimiento que surge a través de él.

Activación 1: Renuncia

En ocasiones, el cambio es difícil, porque significa que tenemos que dejar de lado algunas cosas a las que no queremos renunciar. Responde las siguientes preguntas que te ayudarán a resolver este problema.

Piensa en un cambio en tu vida por el que pasaste de mala gana recientemente o por el cual estás pasando en este momento. (Hablaré como si fuera pasado, aunque quizá todavía sea parte de tu presente) ¿A qué tuviste que renunciar durante este cambio?

_____

_____

¿Fue difícil dejar aquello a lo que renunciaste? Si es así, ¿por qué?

_____

_____

¿Cómo te sentiste cuando renunciaste a eso?

_____

_____

¿Qué cambio ocurrió una vez que renunciaste?

_____

_____

Si aún no has renunciado por completo, ¿qué te ayudaría a hacerlo?

_____

_____

Si no renuncias por completo, ¿qué pasará?

_____

_____

Activación 2: Acepta el cambio

Aceptar el cambio suele ser difícil, incluso si creemos que podría llegar a beneficiarnos. Sin embargo, para crecer, debemos aceptar y experimentar el cambio. Responde las siguientes preguntas que te ayudarán a obtener una perspectiva positiva sobre los beneficios de aceptar el cambio.

Al enfrentar un cambio cuyo resultado es desconocido, mi actitud hacia él es…

1. Corro y me escondo.

2. Me acerco con cautela al cambio y lo experimento un poco para ver si es peligroso.

3. Me acerco al cambio con una mente abierta y exploro las posibilidades que me brinda.

4. Corro hacia el cambio con los brazos abiertos, aceptándolo con alegría y agradecimiento.

Probablemente, hayas adivinado que la #3 es la respuesta más saludable. El resto de las preguntas te ayudarán a explorar por qué respondes al cambio de la manera que lo haces y cómo adoptar una actitud saludable hacia él.

La razón por la que me resulta difícil ser abierto a explorar el cambio es…

_____

_____

Tengo la capacidad de adoptar una mentalidad más saludable hacia el cambio… (Encierra en un círculo las actitudes más apropiadas):

1. Explorando todas sus posibilidades

2. Analizando los posibles beneficios y oportunidades que pueden surgir del cambio

3. Visualizándome respondiendo positivamente al cambio

4. Identificando cuál sería el peor resultado y aceptando que todo estará bien incluso en ese caso

5. Implementando estas acciones o analizando estas opciones:

_____

_____

Cuando miro hacia atrás y observo los cambios significativos que han ocurrido en mi vida, veo que yo (encierra en un círculo todo lo que hayas experimentado):

1. Me resistí a ellos

2. Crecí a partir de ellos

3. Me adapté a ellos

4. Aprendí de ellos

5. En última instancia, me beneficié de ellos

6. Todo lo anterior

Con suerte, encerraste en un círculo la mayoría de esas opciones o quizá la última.

Las personas o los recursos que me ayudarán a navegar en medio del cambio incluyen…

_____

_____

Mi comprensión de quién soy como líder con identidad me ayuda a aceptar el cambio porque…

_____

_____

CAPÍTULO 15

Paso 7:
Construye el equipo de tus sueños

Construir un equipo es construir poder.

Neil Armstrong caminó sobre la luna en 1969. Por su parte, Michael Jordan ganó seis campeonatos de la NBA. Ambos son logros asombrosos. Sin embargo, sin quitarle ningún mérito a ninguno de los dos, quiero señalar que Armstrong no habría caminado sobre la luna sin el apoyo de un equipo de miles de colaboradores de la NASA y Jordan no estaría luciendo seis medallas si no hubiera tenido tan maravillosos compañeros de equipo que contribuyeron a ganar esos campeonatos (incluyendo a Scottie Pippen, quien también ganó seis medallas).

Existen numerosos ejemplos de logros de equipo increíbles en los cuales ninguna persona en especial se destacó:

- **SEAL Team Six:** Este es el equipo que le entregó al público de los Estados Unidos a su enemigo #1, Osama bin Laden, en 2011. Los SEAL son la élite de la Marina y el Team Six es la élite de la élite. Vale la pena destacar que ellos están capacitados para nadar cientos de pies con sus manos y pies amarrados. Además, están entrenados para soportar las temperaturas árticas y el gas (lacrimógeno). Ellos son ejemplos poderosos no solo de lo que el cuerpo humano es capaz de hacer, sino de los óptimos resultados que es capaz de entregar un equipo bajo niveles de estrés extremos.

- **Walt Disney y su equipo de animadores:** Juntos revolucionaron el mundo de las películas para niños y crearon algunos de los más memorables personajes de la Historia de los dibujos animados, pero no antes de múltiples fracasos iniciales. Sin embargo, Disney y sus compañeros creadores se apegaron a su visión y pasaron a hacer Historia.

- **El equipo de Google:** Sergey Brin y Larry Page, fundadores de Google, no estaban de acuerdo al comienzo de su emprendimiento. Y aun así, trabajaron en medio de sus diferencias y crearon el sitio más popular de internet. A fines de 2018, Google y sus sitios web afiliados captaron el 63% de todas las consultas de búsqueda principales en los Estados Unidos[23].

Se necesitan muchas personas para lograr grandes cosas. A los americanos les gusta hacer alarde de la imagen del típico lobo solitario que sabe hacerlo todo por su cuenta, pero es innegable que se pueden lograr cosas mayores combinando las fortalezas de muchos.

Esto también es válido sea cual sea tu visión. De hecho, me atrevo a decir que nadie logra sus metas solo. Por esa razón, construir y mantener relaciones de apoyo mutuo es esencial para lograr tus metas en la vida cualesquiera que estas sean. Como beneficio adicional, el trabajo en equipo hace que ir tras tus metas sea más agradable.

Así las cosas, te aseguro que el hecho de construir el equipo de tus sueños te ayudará a cumplir tu visión. Entonces, exploremos cómo hacerlo.

Construyendo tu equipo

Supongamos que eres un atleta de pista de media distancia en ascenso con aspiraciones de participar en los olímpicos. Si bien tu éxito depende de ti, las posibilidades de ese éxito son enormemente mayores según sea el equipo que te rodee: entrenadores, preparadores físicos, fisioterapeutas, masajistas, sicólogos y nutricionistas deportivos, sin mencionar los patrocinadores que te proporcionan los fondos que te permitan entrenar. Luego, están tus compañeros atletas con los que entrenas y otro equipo que es el que te ofrece servicios financieros y apoyo emocional: tu familia, tus amigos y demás personas importantes en tu vida. Para la gran mayoría de la gente, cuando tú entras en la pista, los resultados dependen exclusivamente de ti y de qué tan rápido seas capaz de correr. Pero el hecho es que tú no estarías allí si no fuera por tu equipo de apoyo.

Lo mismo es cierto en cualquier campo, disciplina o empresa. El proceso es el mismo. Lo único que cambia es el entorno.

Ahora, quiero que pienses en el tipo de equipo que tú necesitas a tu alrededor. En el caso del atleta de pista, él tiene todas sus bases cubiertas: entrenamiento, nutrición, masajes, sicólogo deportivo, etc. Cada aspecto de su entrenamiento y desempeño recibió apoyo por parte de uno o más miembros de su equipo. En tu caso, necesitas identificar cuáles son esas bases que deseas cubrir y las áreas de apoyo que son más importantes para ti.

¿Cuáles son tus debilidades? ¿Dónde necesitas más ayuda? ¿Qué necesitas aprender? ¿En qué necesitas recibir entrenamiento, evaluación y retroalimentación? ¿Dónde necesitas cultivarte más? ¿Cuáles son tus desafíos inmediatos?

Estos son los tipos de preguntas que debes hacerte cuando planeas construir un equipo informal de personas que te ayuden a alcanzar tu visión.

"Obtendrás lo que quieras ayudándoles
a otros a conseguir lo que ellos quieran".
—Zig Ziglar

Construyendo relaciones positivas

A medida que construyas el equipo de tus sueños, te encontrarás
en, por lo menos, dos tipos diferentes de relaciones. Uno es ese
tipo de relación mediante el cual ya estás recibiendo más de otras
personas de lo que tú les estás aportando a ellas. Por lo general,
esto ocurre cuando buscas el consejo de un mentor o de un asesor
que es superior a ti tanto en jerarquía como en experiencia; ellos te
comparten su experiencia, te dan sugerencias y te ayudan desde un
punto de vista objetivo, con poca o ninguna expectativa de recibir
de ti algo de valor similar a cambio.

Rasgos comunes de los equipos exitosos

Ya sea que formes parte de un equipo informal o formal o que
esté compuesto por muchas personas o solo por unas pocas, las
siguientes son cinco características que comparten los equipos
exitosos:

1. Están comprometidos con un objetivo común

2. Comparten los mismos valores y expectativas

3. Desempeñan roles complementarios

4. Cuentan con un plan para enfrentar y resolver problemas

5. Tienen un plan para evaluar su progreso

El otro tipo de relación es más a nivel de igual a igual, donde aprendes de alguien y también compartes tu propia experiencia y sabiduría con esa persona.

El caso es que, en cualquier relación en la que estés ganando algo que contribuya a tu desarrollo como líder con identidad, debes buscar formas de retribuir. En el caso de un mentor o asesor sénior, es probable que no estés en capacidad de retribuirle a esa persona (además de tu gratitud), pero sí puedes buscar la forma de contribuir, ayudando algún día a alguien en calidad de mentor.

Aprovechando el poder del equipo

El poder de un equipo proviene de reunir a muchas personas que tengan diversidad de habilidades que contribuyan a lograr el objetivo del equipo. Cada persona le aporta sus habilidades únicas y necesarias al equipo. La idea es que el equipo sea lo más fuerte posible —sobre todo, cuando cuenta con las habilidades y la experiencia adecuadas representadas en quienes lo integran.

Cuando hay gente a tu alrededor que tiene la capacidad de brindarte diversidad de pensamientos te nutres de esa sabiduría y experiencia y llegas más lejos que si te rodeas de personas que tienen tu mismo nivel de experiencia y que piensan como tú. Si todos pensaran como tú, ¡ya lo sabrías todo! Y ninguno de nosotros lo sabe todo. Adquirir sabiduría donde hay diversidad de pensamientos te ayudará a crecer como líder con identidad.

Si todos pensaran como tú, ¡ya lo sabrías todo! Y ninguno de nosotros lo sabe todo. Adquirir sabiduría donde hay diversidad de pensamiento te ayudará a crecer como líder con identidad.

Aprendiendo de los mentores

Mi experiencia con Bob Brown, uno de mis mentores importantes que me contrató en su empresa como Vicepresidente de Desarrollo Comercial, fue invaluable. Él me dio una base sólida de conocimiento en su firma de relaciones públicas, la cual atendía clientes de *Fortune 500* y otras figuras de gran influencia a nivel mundial.

Piensa en los tipos de líderes que podrían ayudarte a crecer como líder con identidad y a lograr tu visión. Después, acércate a algunos de ellos para ver si estarían dispuestos a reunirse contigo de vez en cuando con el fin de ayudarte a aprender y a crecer en ciertas áreas del liderazgo. Sé específico sobre lo que estás buscando y por qué los contactaste a ellos. Cuanto más específicas seas tus solicitudes, mejor podrá cada mentor determinar si él o ella están dispuestos a ayudarte y más productivas serán sus reuniones.

> "Solos podemos hacer más bien poco.
> Juntos podemos hacer mucho".
> —Helen Keller

Claves del liderazgo con identidad

- Tener un equipo que te rodee y te apoye a lo largo de tu viaje hacia un liderazgo con identidad es un aspecto crucial para alcanzar el éxito. Se necesitan muchas personas para lograr grandes cosas. Nadie logra sus metas solo. Por lo tanto, busca construir a tu alrededor un equipo de ensueño.

- Al construir el equipo de tus sueños, analiza cuáles son tus debilidades. ¿Dónde necesitas más ayuda? ¿Qué necesitas aprender? ¿Quién estaría capacitado para enseñarte, guiarte, darte retroalimentación y brindarte apoyo?

■ Los mentores pueden desempeñar un papel importante en tu crecimiento como líder con identidad. Procura asesorarte por gente que sepa ayudarte en las áreas donde más necesitas crecer y busca formas en que puedas retribuirles.

Activación 1: Evalúa dónde necesitas ayuda

Un equipo de ensueño está conformado por integrantes con talentos y habilidades que se complementan. Son gente que funciona bien estando junta y que se conoce sus fortalezas y debilidades —y cómo el equipo puede capitalizar todas esas fortalezas y minimizar dichas debilidades—. Un equipo así requiere que cada integrante conozca sus propias fortalezas y debilidades y, por lo tanto, sepa cuándo deberá tomar la iniciativa y cuándo deberá pedir ayuda. Las siguientes preguntas te ayudarán a evaluar las áreas en las que necesitas ayuda y cuándo deberás solicitarla.

En términos de trabajar en tus metas y alcanzarlas, ¿en qué áreas o aspectos crees que te vendría bien recibir apoyo o ayuda?

_____

_____

¿Quiénes crees que serían los mejores candidatos para ayudarte en estas áreas?

_____

_____

¿Cómo te acercarías a ellos? ¿Qué les dirías?

_____

_____

¿Qué clase de acuerdo sería más beneficioso para las dos partes?

_____

_____

Activación 2: Haz parte del equipo

En la activación anterior te centraste en áreas o problemas específicos en los que podrías necesitar ayuda. Ahora, en esta activación te enfocarás más en relaciones útiles y orientación en general. Con eso en mente, piensa en cinco personas a las que sería importante contactar, porque podrían actuar como tus mentores o compartir contigo su sabiduría y servirte de cajas de resonancia. Estas personas deberán tener en cuenta tus mejores intereses, hacerte preguntas de sondeo que te ayuden a resolver problemas y hacerte críticas honestas y constructivas.

Las cinco personas que me servirían como mentores o cajas de resonancia son:

1. _____

2. _____

3. _____

4. _____

5. _____

Los mejores equipos son aquellos en los que los compañeros se ayudan entre sí. Entonces, piensa cómo podrías ofrecerle ayuda a cada una de esas cinco personas.

Puedo ayudar a cada una de las cinco personas mencionadas anteriormente de la siguiente manera:

1. _____

2. _____

3. _____

4. _____

5. _____

CAPÍTULO 16

Paso 8:
Gana por decisión

Una vez que decidas quién quieres ser, tienes que
decidir lo que tienes que hacer para que así sea.

P odrás tener el más alto nivel de conocimiento sobre tu
identidad, el mejor plan de acción para tu vida, la visión
más clara y dinámica de lo que quieres lograr y establecer las
metas más sabias —pero si tienes problemas tomando decisiones,
te será difícil alcanzar tu máximo potencial.

A veces, las personas tienen dificultades para tomar decisiones
por razones que ya he señalado antes: tienen miedo al fracaso o a
lo desconocido. Algunos son demasiado inseguros, porque temen
quedar expuestos a las críticas y a la evaluación.

Tomar decisiones no es una opción en nuestra vida. ¿Sabías que
los científicos han determinado que un adulto toma un promedio
de 35.000 decisiones al día? Decidimos qué comer, qué vestir,
dónde ir, cómo llegar, lo que creemos, qué leeremos y veremos,
lo que decimos, cómo lo decimos, cómo pasamos nuestro tiempo
libre y la lista sigue y se extiende.

Cada decisión tiene una consecuencia, bien sea grande o
pequeña. Por eso, no te engañes: es un hecho que hasta las más

pequeñas consecuencias terminarán por sumarse y generar un efecto acumulativo. Por ejemplo, supongamos que hoy tomaste una mala decisión en cuanto a tu nutrición y tu salud y que lo que comiste durante el día no te traerá grandes consecuencias. Pero si ese tipo de elecciones se te convierte en un hábito y todos los días comes mal, no haces ejercicio, ni duermes lo suficiente, ten la certeza de que, después de un tiempo, esas pequeñas decisiones se sumarán y darán lugar a una gran consecuencia, trayéndote graves problemas de salud y reduciendo tu calidad de vida.

Veamos un par de aspectos con respecto a tomar decisiones: maneras de tomarlas y el proceso de tomarlas.

Maneras de tomar decisiones

Las personas utilizan varios enfoques al tomar decisiones. Distintos factores influyen en sus enfoques incluidos la situación en que se encuentran, las posibles consecuencias y la personalidad de quien toma la decisión. Analicemos algunos de esos enfoques. Luego, basándote en estas definiciones, trata de identificar qué tipo o tipos de decisiones tiendes a tomar.

El que toma decisiones emocionales

Eres impulsivo, apresurado e imprudente al tomar decisiones. Te aceleras, vuelas y decides lo primero que pasa por tu cabeza o lo que más mueva tus emociones. Un día decides una cosa y al día siguiente decides lo contrario. Para ti, las decisiones son como patatas calientes: te deshaces de ellas a toda velocidad.

Si eres de los que toma decisiones de este tipo, necesitas dar un paso atrás, respirar un poco, pensar primero en ciertas cuestiones relativas a tu decisión y procurar consultarles a quienes estén acompañándote en el proceso. Aquí se aplica el viejo dicho de que "la prisa genera pérdidas". Aprende a combatir el impulso de decidir de inmediato y en función de tus emociones. Mejor, cálmate y tómate tu tiempo para tomar tus decisiones.

> "La vida es cuestión de decisiones y cada decisión que tomas te convierte en quien eres".
>
> —JOHN C. MAXWELL

El complaciente con los demás

Gastas tu energía tratando de averiguar qué quieren otras personas que pienses o hagas. Tiendes a decidir lo que crees que hará felices a otros, ya sea contigo o con la situación —en especial, a quienes se verán afectados por lo que decidas—.

Si estuvieran solas, sería más frecuente que las personas complacientes tomaran otra clase de decisiones, pero están demasiado atrapadas en tratar de complacer a los demás. Si tú eres así, ten en cuenta que, incluso si la gente no está de acuerdo con tu opinión o decisión, te respetarán si eres honesto y si estás convencido de estar tomando la decisión correcta para el grupo.

El que delega

Les das a otros la responsabilidad de decidir. Por supuesto, hay muchas veces en que esa es la ruta a tomar, pero también hay momentos en los que, simplemente, estás eludiendo la responsabilidad de decidir, bien sea por una u otra razón. Delegar contribuye a que los proyectos avancen más rápido y les ayudas a otros a crecer en cuanto a responsabilidad y liderazgo. También te libera para que tengas tiempo y mente para tomar decisiones más importantes o para realizar otro trabajo más relevante o urgente. Pero asegúrate de no delegar tan solo para evitar tomar una decisión difícil que sea legítimamente tuya.

El que está en negación

Ignoras las decisiones, porque te parecen demasiado difíciles o enormes. Pretendes que no están ahí, frente a ti. Sin embargo, ignorar una decisión es una decisión en sí misma y, por lo general, empeora las consecuencias. Si eres un negacionista, trabaja para llegar a la raíz de por qué no te gusta tomar decisiones difíciles o por qué procrastinas.

El equilibrista

Sopesas las decisiones, considerando todos los factores involucrados. Revisas todas las opciones y las consecuencias y llegas a tomar tu decisión después de pasar por todo este proceso.

Si eres de este tipo de persona cuando se trata de tomar decisiones, te diré que eres un buen líder con identidad y que tu habilidad para tomar decisiones está muy bien desarrollada y es de alto nivel.

El que prioriza

Quienes toman decisiones sabiendo priorizar tienden a ser líderes que tienen mucho conocimiento o muy buena información. Por lo tanto, priorizan sus decisiones en función de lo que saben que es más importante hacer en el momento. Ven el panorama general y se centran en lo que es crucial hacer primero que todo.

Si eres de los que priorizas cuando tomas decisiones, tienes el tipo de capacidad para decidir qué necesitas como líder con identidad. Existe una gran diferencia entre priorizar y procrastinar. Aquellos que priorizan posponen ciertas decisiones por razones válidas y tienden a tomar primero las decisiones más importantes.

> "A veces son las decisiones más pequeñas las que pueden cambiar tu vida para siempre".
>
> —KERI RUSSELL

El proceso de la toma de decisiones

Las siguientes son algunas estrategias que te servirán durante el proceso de tomar una decisión:

1. **Sopesa el problema.** ¿Cuáles son los riesgos si decides hacer cambios? ¿Cuáles son los riesgos si *no* decides hacerlos? ¿Qué hay detrás del cambio que piensas hacer? ¿Qué está en juego? ¿Cuáles son los pros y los contras de las posibles decisiones que tengas que tomar?

2. **Analiza diversas opciones.** Piense en varias opciones. A veces, puede ser solo una decisión en la que lo único que tienes que hacer es decir sí o no; en otros momentos, quizá se trate de una decisión que te presenta múltiples opciones. Aclara cuáles son y cuáles serían las rutas a tomar o las acciones propias de cada opción.

3. **Piensa en las consecuencias.** Luego, piensa en las consecuencias que traería consigo cada opción que hayas contemplado. ¿Qué sucedería, tanto bueno como malo, si eligieras la opción A? ¿La opción B? ¿La opción C? ¿Con cuál tendrías paz y con cuál no? ¿Cuál te acercaría a tu visión?

4. **Actúa.** Por último, decide cuál crees que es la mejor ruta para ti y comprométete a seguirla. Eso no significa que te comprometas ciegamente y que sigas esa ruta hasta su

amargo final, sea lo que sea que encuentres en el camino. Lo que sí necesitas hacer es comprometerte a investigar a fondo esa ruta y a ver si tu decisión está dando o no resultados. Si las cosas no te salen como esperabas, y te están impidiendo alcanzar tus metas o tu visión, entonces, tienes otra decisión que tomar: qué otra ruta tomar.

Como sabrás, la vida está llena de decisiones. Averigua qué clase de decisiones tomas y busca sopesar y priorizar las que sean importantes y delega las menores cuando sea apropiado. Y tómate tu tiempo para decidir, como describí arriba. Esta es una parte fundamental de tu capacidad para crecer como líder con identidad.

Tómate tu tiempo para decidir, como describí arriba. Esta es una parte fundamental de tu capacidad para crecer como líder con identidad.

Claves del liderazgo con identidad

- Las decisiones que tomes en el camino, tanto grandes como pequeñas, impactarán tu proceso de liderazgo con identidad. Sé consciente de las decisiones que tomas y sopésalas teniendo en cuenta tus objetivos generales y tu visión.

- Algunas personas tienden a evitar tomar decisiones, quizá, temiendo fracasar o porque son personas complacientes o porque la decisión les parece demasiado trascendental. Si tú eres una de estas personas, necesitas llegar a la raíz de por qué es difícil para ti tomar decisiones e implementa las medidas para superar esa debilidad.

- Parte de superar el desafío de tomar decisiones es pasando de manera sistemática por el hecho de tener que tomarlas. Sopesa el problema, analiza las posibles acciones que habría que implementar, piensa en las consecuencias de esas acciones y, por último, toma la decisión que te parezca la mejor y más correcta.

Activación 1: Tú decides

Piensa en una decisión que tendrás que tomar pronto o imagínate una decisión hipotética, pero realista y a la cual podrías enfrentarse algún día. Luego, responde estas preguntas:

¿Cuál es la decisión que debes tomar?

_____

_____

¿Cuáles son los pros?

_____

_____

¿Cuáles son las desventajas?

_____

_____

¿Cómo esta decisión afectaría tu carrera o tu vida?

_____

_____

¿Qué sería lo peor que podría pasar?

_____

_____

¿Que sería lo mejor que pasaría?

_____

_____

Basado en tus respuestas anteriores —y haciéndoles caso a tus instintos— ¿qué crees que deberías hacer?

_____

_____

¿Por qué decidiste esto?

_____

_____

Activación 2: Mira atrás para mirar hacia adelante

A veces, ver las cosas en retrospectiva nos da la perspectiva que necesitamos para tomar decisiones acertadas. Piensa en una decisión pasada que hayas tomado y que te ayudaría en una situación actual.

¿Cuál fue esa decisión difícil que tomaste y que tuvo un efecto positivo en tu vida?

_____

_____

¿Qué hizo que esa decisión fuera tan difícil de tomar?

_____

_____

¿Por qué decidiste hacer eso?

_____

_____

¿Qué aprendiste de esa decisión que podrías aplicar a decisiones actuales o futuras?

_____

_____

CAPÍTULO 17

Paso 9:
Comprométete con tu visión

En qué gastas tu tiempo determinará
dónde estarás, lo que harás y cómo lo harás.

Un ingrediente esencial en tu viaje hacia la realización de tu potencial es tu capacidad para comprometerte con tu visión. Necesitas compromiso, porque te *encontrarás* con obstáculos, fracasos y decepciones. Esa es la naturaleza del juego. Y la gente que gana el juego es la que se mantiene comprometida, persevera y practica la disciplina que necesita para llegar a la cima.

Déjame darte un breve ejemplo de mi propia vida. Como he mencionado antes, trabajé en el sistema penitenciario federal— primero en Denver, desde 1980 a 1983; luego, en Chicago, de 1983 a 1986—. Cuando fui transferido a Chicago, me colocaron en R&D, cuya sigla, desafortunadamente, no significa Research & Development (Investigación y Desarrollo), sino Recibir y Descargar. En R&D teníamos que realizar registros al desnudo de todos los prisioneros, tanto de los que ingresaban como de los que salían de la prisión. Aquel era un proceso vergonzoso tanto para ellos como para mí. Sin embargo, hacía parte constante de mi trabajo.

Puedo garantizarte que a ningún guardia le gusta hacer registros al desnudo. Ahí mismo, comencé a preguntarme: *¿Cómo hago* *para salirme de esto? ¿Qué tengo que hacer para conseguir una mejor posición?* La mayoría de los guardias se quejaba de ese aspecto del trabajo y no los culpo. Pero noté que todos los guardias que se quejaban permanecían allí, en el mismo cargo. Su supervisor no tenía ningún interés en apresurarse a sacarlos. A veces, cuanto más odias tu trabajo, más tiempo parece que tienes que quedarte haciéndolo. Y si todo lo que tu jefe escucha de ti son tus quejas, él o ella no estarán dispuestos a ayudarte a pasar a una mejor posición.

Así que decidí tener una gran actitud con respecto a mi trabajo. Aun con respecto a la parte que no me gustaba hacer. Empecé a hablar de lo fantástico que era el trabajo y cada vez que mi jefe me preguntaba cómo estaba, yo sonreía y le respondía que me estaba yendo muy bien.

Mi actitud me llevó a convertirme en presidente del club de empleados, donde trabajé para ayudarles a mejorar las condiciones de su trabajo. Además, contribuía con el periódico para empleados. Fue así hasta que, un día, el supervisor general bajó y me dijo: "Tenemos una vacante para un supervisor en el departamento de educación y tengo entendido que tú tienes una maestría en educación. ¿Estaría interesado en ese trabajo?".

Tuve que contenerme para no abrazar a aquel hombre. En cambio, apenas sí sonreí y le dije: "Sí, estaría muy interesado".

Mi visión inmediata, mientras trabajé allí en la prisión, era conseguir un mejor cargo. Me había comprometido a ser un empleado tan positivo y dedicado que mis jefes no tuvieran más remedio que ascenderme. Si no me hubiera mantenido comprometido con mi visión, nunca hubiera conseguido ese ascenso. Si me hubiera quejado de mi situación y hubiera hecho lo mínimo que se requería de mi parte, nadie habría pensado en darme un mejor cargo. Estoy convencido de que mi compromiso con mi visión no solo me ayudó a superar la monotonía de mi situación, sino que me catapultó hacia disfrutar de una mejor opción.

"El compromiso conduce a la acción.
La acción te acerca a tu sueño".

—Marcia Wieder

Cree en ti mismo

Si no crees en ti mismo, es difícil comprometerte con tu visión. Es fácil navegar hacia tu visión en medio de un día soleado y de aguas tranquilas, pero cuando esas aguas se agitan y surge una tormenta tienes que creer en que tus habilidades de navegación te llevarán a tu destino. De lo contrario, te hundirás o te desviarás de tu rumbo.

Es cuando esas aguas se ponen bravas cuando más tienes que cavar y buscar en lo profundo, en la esencia de tu identidad, reafirmando quién eres, cuáles son tus fortalezas y pasiones, cuáles son tu propósito y tú la visión. Cuando te conoces a ti mismo y crees en ti y en tu visión, esa certeza te da la motivación que necesitas para perseverar en medio de esas aguas agitadas.

Piensa por un momento en David, el de la Biblia. Nadie en el campamento israelita se atrevía a enfrentarse al gigantesco Goliat, pues todos creían que él los despedazaría y se los comería en el desayuno. Pero David... un pastor joven y humilde que era pequeño de estatura, dijo que él vencería a Goliat. Los israelitas trataron de disuadirlo, pero él tenía una visión muy diferente, una que le dio el valor para dar un paso al frente y desafiar a aquel gigante. Y para sorpresa de todos, lo derrotó.

David no retrocedió por miedo ante el inmenso desafío al que él se enfrentaba. Más bien, se puso a la altura de la ocasión, afianzado en su visión y superó el reto. Él creía en sí mismo y en su visión.

Cuando tú tengas esa misma convicción y ese mismo nivel de compromiso, también saldrás victorioso.

Comprométete con tu autoactualización

Comprometerte con tu visión en realidad es comprometerte con tu autoactualización. Estás diciendo: *"Nada me va a impedir ser lo mejor que yo puedo ser. Nada me impedirá alcanzar todo mi potencial. Voy a entregar todo lo que tengo para dar. Voy a explorar y profundizar hasta identificar todas mis habilidades, mis fortalezas y mis anhelos y voy a aplicarlas durante el camino a convertirme en aquello para lo cual fui creado.*

Como mencioné en el Capítulo 7, lo que más necesitas es tu autoactualización. Cuando te autoactualizas, todo lo demás encaja en su lugar. Las personas más autoactualizadas son las más exitosas del mundo. Ellas disfrutan de las mejores oportunidades, porque tienen todo lo que se requiere para aprovecharlas. Tienen confianza en sí mismas, porque se conocen a sí mismas. No confían en las opiniones de otras personas, sino en las suyas propias y no se desaniman si los demás no están de acuerdo con ellas. Además, tienes la más alta opinión de sí mismas.

¿Por qué? Porque como líderes con identidad autoactualizados, ellos también saben enfocarse en vivir su sueño —y para ellos, no es un sueño, sino su realidad—. Para ellos, *sueño, pasión, propósito* y *visión* significan lo mismo.

"La mayoría de las personas fracasa no por falta de deseo, sino por falta de compromiso".
—VINCE LOMBARDI

Qué significa estar comprometido

El significado de compromiso tiene todo que ver con *hacer*. No es cuestión de planificar, decir, escribir o formular hipótesis. Tener compromiso requiere no solo de resolución, sino de *acción*. Es llegar a la bifurcación de la carretera y tomar el camino más accidentado, porque sabes que ese es el que te llevará hacia tu visión. Tener compromiso es proseguir aunque una llanta se desprenda y te saque de la carretera. Es implementar la acción que sea necesaria con tal de alcanzar tu visión sean cuales sean la condiciones de la carretera o del clima.

Tener compromiso es perseverar y continuar persiguiendo tu visión a pesar de las distracciones, las dificultades, las críticas y los riesgos. Es estar haciendo algo, porque crees que es correcto que lo hagas. ¿Por qué es tan importante ser una persona comprometida? Porque, en últimas, los compromisos que eliges hacer y cumplir son los que le dan forma a tu vida.

Es posible cometer muchos errores en el camino hacia una vida plena sin dañar seriamente tu capacidad para lograr tu sueño. Pero no lo lograrás si cometes el error de no comprometerte por completo con tu visión.

Por otro lado, suelen suceder grandes cosas cuando permaneces comprometido. No cosas fáciles, ni simples, pero sí grandes cosas.

Reajusta tus planes según sea necesario, pero nunca renuncies a tu visión.

Claves del liderazgo con identidad

- Una visión es buena solo si te comprometes con ella. Ese compromiso requiere de una fuerte confianza en ti mismo, en tus habilidades y en tus metas.

- Comprometerte con tu visión realmente significa que te estás comprometiendo a tu autoactualización —a alcanzar todo tu potencial.

- El compromiso exige acción. Muestras tu compromiso haciendo, no planeando. Sí, planificar, establecer metas e implementar todos los demás pasos requiere de compromiso —pero el fruto de tu compromiso se demuestra con acción, con la ejecución de tu plan y con la búsqueda continua de tu visión, sean cuales sean los obstáculos que se te presenten.

Activación 1:
Encuentra la resolución que hay dentro de ti

A veces, mantener un compromiso es más fácil de decir que de hacer. Esta activación te ayudará a explorar algunos de los problemas que surgen junto con el hecho de aceptar un compromiso.

Un ejemplo de cuando no pude mantener un compromiso es…

_____

_____

Tuve dificultades para mantener ese compromiso, porque…

_____

_____

Podría haber mantenido ese compromiso si hubiera hecho…

_____

_____

En general, mis mayores desafíos para cumplir mis compromisos son...

Cuando me sienta desafiado a mantener un compromiso, esto es lo que puedo hacer para mantenerlo:

Activación 2:
Comprométete a ser un líder con identidad

Responde estas preguntas que te ayudarán a reafirmar tu compromiso de ser un líder con identidad autoactualizado:

Mi declaración de visión es: (revisa y copia aquí la declaración de visión que escribiste en la activación 4, en el paso 2):

Mis metas más importantes para alcanzar esa visión son:

Me comprometo con esta visión, porque…

_____

_____

Puedo mantenerme comprometido con esta visión, debido a estas características:

_____

_____

CAPÍTULO 18

Conviértete en un líder con identidad

El mundo necesita líderes con identidad. Siempre los necesitará —gente que sea autoactualizada, que se conozca a sí misma y sepa guiar a otros en medio de búsquedas significativas—. Los líderes con identidad siempre se elevarán a la cima y se destacarán entre la multitud, simplemente, porque conocen las respuestas a las tres preguntas cruciales que planteé al principio de este libro:

¿Quién soy?

¿Hacia dónde voy?

¿Cómo voy a llegar allá?

La gran mayoría de la gente no sabe responder a estas preguntas. Cuando tú puedes, eres un líder con identidad y tus talentos y tu visión serán notorios. Brillarás donde quiera que estés y ascenderás a la posición y al lugar donde mejor encajes en términos de tus habilidades, pasiones y propósitos. Harás valiosas contribuciones a la vida de las personas dondequiera que vayas en entornos de trabajo, sociales, en tu comunidad y en organizaciones como tu iglesia y en cualquiera que sea la situación.

La crema se mantiene en la cima y los líderes con identidad son la crema. Ellos son optimistas. Donde otros se hunden, ellos se mantienen a flote. Las malas circunstancias podrán retrasarlos, pero no detenerlos, pues saben sobrevolar ante cada desafío que encuentran. Ellos mantienen la cabeza sobre sus hombros en momentos estresantes y en medio de tiempos difíciles. Piensan con claridad, no entran en pánico, ni toman decisiones precipitadas. Más bien, mantienen el rumbo que los llevará a su destino.

Los líderes con identidad ven el talento, el oro en los demás. Y lejos de sentirse amenazados por esos talentos, los extraen de los demás y les ayudan a desarrollarlos, sintiendo la misma alegría al ver el crecimiento de otros que cuando se trata de su propio crecimiento.

Los líderes con identidad saben que la vida es un viaje que hay que apreciar y explorar a cada paso del camino. Ellos conocen el gran placer de extraer su propio oro mientras avanzan hacia su mete. Ven el panorama general y su destino final, pero son conscientes del paisaje circundante a cada momento.

Los líderes con identidad saben que la forma de aprovechar al máximo su vida es aprovechando al máximo sus 24 horas de hoy y viviendo cada día con propósito. Y ese propósito está impulsado por su identidad y guiado por su capacidad para liderarse primero a sí mismos y luego a otros.

Además, se centran en su pasión y en su visión. Están a la altura de cualquier tarea que se requiera para vivir su pasión y comprender cada vez más su visión. Encuentran la energía para seguir adelante, porque la pasión y la visión les proporcionan esa energía.

Los líderes con identidad son productos raros —sin embargo, cualquiera puede convertirse en un líder con identidad.

Solo necesitan conocer las respuestas a estas tres preguntas:

¿Quién soy?

¿Hacia dónde voy?

¿Cómo voy a llegar allá?

Para ser un líder con identidad, no necesitas un cierto nivel de educación, ni una cierta puntuación de CI, ni un conjunto específico de experiencias. Solo necesitas el impulso, el deseo y la dedicación necesarios para encontrar las respuestas a esas tres preguntas.

Es tan simple —y tan difícil— como eso.

Un comentario final

El plan que acabas de diseñar es tu plan de *acción* —lo cual significa que necesitas actuar y llevarlo a cabo—. Ahora, has terminado este libro, pero acabas de comenzar tu viaje como líder con identidad. A partir de aquí, todo lo que hagas será significativo solo si lo haces —si lo vives, si actúas al respecto y lo usas como herramienta para avanzar más plenamente hacia tu destino como líder con identidad. Revísalo de forma regular (como mínimo, una vez al año) para ver cómo y cuánto has crecido y adáptalo si fuera necesario.

A partir de aquí, ya estás en camino hacia desarrollar tu potencial como líder con identidad. ¡Sigue adelante! Es un viaje que, sin importar lo difícil que a veces sea, vale la pena. Es un viaje que te conducirá hacia la satisfacción y la vida plena que, en el fondo, has soñado para ti.

Mis mejores deseos para tu vida a medida que avanzas en tu viaje.

Expresiones de gratitud

Me gustaría agradecer a Jan Miller por todo su apoyo a lo largo de los años como mi agente. También quiero agradecerle a mi coguionista, Tom Hanlon, por su apoyo y dedicación en mi trabajo. Siempre es un placer trabajar con él.

Notas

1. Constanza Montana, "Madre emprendedora de 8 hijos les ayuda a afrontar un mejor futuro", *Chicago Tribune*, 18 de julio de 1990, https: //www.chicagotribune.com/news/ct-xpm1990-07-18-9002280593-historia.html.

2. Marc Cooper, "Impacto de la autoconsciencia el éxito del liderazgo", Dental Practice Management, 19 de julio de 2016, http: //practicemanagement.dentalproductsreport.com/article/how-self-awareness-impacts- leadership-success.

3. "Autoliderazgo creativo", Creativity Squad. http: //creativesquads.com/creative-self-leadership.

4. Ben Linders, "Ventajas del autoliderazgo", InfoQ, 2 de febrero de 2016. https://www.infoq.com/articles/self-liderazgo-agilidad.

5. Ken Blanchard Companies, "Autoliderazgo", https: //www.kenblanchard.com/get-attachment/Products-Services/Self-Leadership-Self-Leadership-Overview.pdf.

6. William Deresiewicz, "Soledad y liderazgo", American Scholar, 1 de marzo de 2010. https://theamericanscholar. org/solitude-and-leadership/#.XC9fZy2ZN0I.

7. "Gallup-Purdue Index Report 2014", Gallup, https:// news.gallup.com/informes/197141 /4.aspx.

8. Susan Sorenson y Keri Garman, ""Cómo abordar el compromiso estancado de los empleados de EE. UU.", Gallup, 11 de junio de 2013. https://news.gallup.com/ businessjournal/162953/tackle-employees-stagnating-engagement.aspx.

9. Jeff Schwartz, Bill Pelster y Josh Bersin, "Encuesta del 2014 sobre las tendencias del capital humano: 10 hallazgos principales", Deloitte, 7 de marzo de 2014. https: //www2.deloitte.com/insights/us/en/focus/human-capital-trends/2014/ human-capital-trends-2014-survey-10-top-findings.html.

10. Richard Best, "La historia de John Rogers: Patrimonio neto, educación y cotizaciones". investopedia.com.

11. Robert Chen, "Robert Chen, estudiante de EMBA, WG'19, entrenador ejecutivo en Executive Coach en Exec|Comm en la Ciudad de Nueva York, destaca las conclusiones sobre el liderazgo de Mary Barra, Directora Ejecutiva de GM", Wharton School, 9 de abril de 2018. https://www.wharton.upenn.edu/story/8-insights-leadeship-gm-ceo- mary-barra-wharton-people-analytics-conference.

12. Jim Souhan, "El director de operaciones de Vikings no conoce límites". startribune.com.

13. "¿Qué hace a un gran líder? Daniel Goleman responde, "Leaders League, 6 de abril de 2015. https://www.

leadersleague.com/en/news/what-makes-a-great-leader-daniel-goleman-answers-truly-effective-leaders-are-distinguished-by-a-high-degree-of-emocional-intelli.

14. Kendra Cherry, "Dominio del cerebro izquierdo frente al cerebro derecho: la sorprendente verdad", Very Well Mind, 21 de septiembre de 2018. https: //www.verywellmind.com/left-brain-vs-right-brain-2795005.

15. Abraham Maslow, "Una teoría de la motivación humana", Clásicos de la Historia de la Sicología, agosto de 2000. https://psychclassics.yorku.ca/Maslow/motivation.htm.

16. Abraham Maslow, "Una teoría de la motivación humana", Clásicos de la Historia de la Sicología, agosto de 2000. https://psychclassics.yorku.ca/Maslow/motivación.htm.

17. David Sze, "Maslow: Las 12 características de una persona autoactualizada", Huffington Post, 21 de julio de 2015. https://www.huffpost.com/entry/maslow-the-12-caracteris_b_7836836.

18. Edward Hoffman, "La vida y el legado de Abraham Maslow", Psychology Today, 4 de septiembre de 2011. https://www.psychologytoday.com/us/blog/the-pick-experience/201109/ the-life-and-legacy-abrahán-maslow.

19. "¿Cuál es la diferencia entre un talento y una fortaleza?" Clifton Strengths for Students, https://www.strengthsquest.com/help/general/143096/differences-talent-strength.aspx.

20. Nathan Freeburg, "Cómo comprender los cuatro dominios de una fortaleza", Deloitte, 27 de junio de

2014. https://www.leadershipvisionconsulting.com/how-to-understand-the-four-domains-of-strength.

21. "¿Por qué y cómo tus empleados están perdiendo el tiempo en el trabajo?" Salary.com, 17 de abril de 2018. https://www.salary.com/articles/why-how-your-employees-are-wating-time-at-work.

22. Peter Economy. "Las 10 principales formas en que tus empleados pierden el tiempo en el trabajo", Inc.com, 20 de agosto de 2015. https://www.inc.com/peter-economy/top-10-time-wasters-at-work.html.

23. "Porcentaje de consultas de búsqueda gestionadas por los principales proveedores de motores de búsqueda de EE. UU. a octubre de 2018". Statista.https://www.statista.com/statistis/267161/market-share-of-engines-in-the-united-states.

Sobre el autor

Stedman Graham se ha ganado una sólida reputación por ayudarles a triunfar a corporaciones, organizaciones e individuos. El trabajo de su vida ha estado y sigue estando centrado en enseñar el valor y el proceso del liderazgo con identidad. Es autor de 11 libros, entre ellos, dos *bestsellers* de *The New York Times*. Además, es Presidente y Director Ejecutivo de S. Graham & Associates, una empresa de consultoría de gestión y marketing. Vive en Chicago, Illinois.

www.ingramcontent.com/pod-product-compliance
Lightning Source LLC
Chambersburg PA
CBHW031842200326
41597CB00012B/237